RÉPUBLIQUE D'HAÏTI

TARIF

DES DOUANES

PARIS

JULES ROQUET, ÉDITEUR

HAÏTI

F. VOLCY, à Port-au-Prince

—

1872

RÉPUBLIQUE D'HAÏTI

TARIF

DES DOUANES

PARIS

JULES ROQUET, ÉDITEUR

HAÏTI

F. VOLCY, à Port-au-Prince

1872

EMPIRE D'HAÏTI

LOI

Sur l'administration et la direction des douanes.

FAUSTIN Ier, par la grâce de Dieu et la constitution de l'Empire, empereur d'Haïti, à tous présents et à venir, salut :

De l'avis du Conseil des ministres, a proposé, et le Corps législatif, après avoir reconnu et déclaré l'urgence,

A rendu la loi suivante :

TITRE PREMIER.
Dispositions générales.

Art. 1er. — Les douanes sont établies pour la perception des droits d'entrée et de sortie sur les marchandises et denrées importées ou exportées par le commerce soit d'outre-mer, soit du cabotage intérieur; par conséquent, toutes tentatives ou entreprises dont le but serait de frustrer en tout ou en partie les droits de l'État déterminés par la loi, seront poursuivies et punies conformément à la présente loi.

Art. 2. — Les tentatives ou exécutions de contrebande à main armée seront assimilées, pour la punition, au vol ou tentative de vol à main armée, et seront passibles des peines établies par les articles 326, 327, 328 et 409 du Code pénal.

Art. 3. — Tout étranger, condamné en vertu des articles suscités, après avoir subi sa peine, pourra être renvoyé de l'Empire.

Dans ce cas, communication en sera faite par la voie diplomatique, s'il y a lieu, au gouvernement de la nation à laquelle il appartiendra.

L'étranger ainsi renvoyé ne pourra par la suite revenir dans le pays que tout autant que le gouvernement le permettrait.

Il sera facultatif au gouvernement de retirer la patente à tout individu patenté convaincu d'avoir participé à une fraude quelconque.

Art. 4. — Tout bâtiment, soit du commerce de long cours, soit du cabotage, ou toute autre embarcation qui aura servi à faire la contrebande, soit en recevant à son bord les marchandises ou denrées qui n'auraient pas passé régulièrement par les douanes, soit en débarquant de son bord des marchandises ou denrées, ailleurs qu'aux douanes établies, seront, les embarcations ainsi que les denrées et marchandises, saisies et confisquées, et les bâtiments passibles d'une amende égale à la valeur de l'objet saisi, si cette valeur n'excède pas *huit cents piastres*.

Passé cette valeur, les navires pourront être également confisqués. La moitié du net produit de la vente qui sera faite judiciairement des bâtiments, embarcations, marchandises ou denrées, appartiendra à celui qui aura signalé la fraude ou l'aura capturée.

Laquelle moitié de ce net produit lui sera comptée immédiatement après la vente.

Art. 5. — Auront droit également à cette moitié, les militaires de garde dans les postes, les canotiers de port et tous autres agents de l'autorité qui auront arrêté les contrebandes ou facilité la saisie des objets débarqués ou embarqués en contravention à la loi sur les douanes.

Art. 6. — Tout individu qui, sans appartenir aux bâtiments du commerce de long cours ou à ceux du cabotage, aura aidé et favorisé le transport soit au débarquement, soit à l'embarquement des marchandises qui n'auraient pas passé régulièrement par les douanes; tout individu qui aura sciemment reçu en dépôt des marchandises ou denrées résultant de la contrebande, sera arrêté et poursuivi; et, sur la conviction du délit, condamné à un emprisonnement de six mois à deux ans.

Art. 7. — Les agents des douanes demeurent autorisés à opérer, lorsqu'ils le jugeront convenable, des recherches sur les personnes au moment de leur débarquement des bâtiments, soit du commerce extérieur, soit du cabotage, afin de découvrir les objets qu'on tenterait de soustraire aux droits de douanes.

Ces objets seront saisis, confisqués et vendus judiciairement et le net produit distribué comme le prescrit l'article 4.

Art. 8. — Toutes les actions et poursuites contre les contrevenants aux dispositions de la présente loi seront dirigées par le ministère public du ressort, extraordinairement devant les tribunaux compétents, soit à la réquisition des directeurs et agents de douanes, soit à celle de l'intendant ou des agents de l'administration des finances, soit à celle de l'autorité chargée de la police militaire, soit enfin d'office.

TITRE II.

Des droits d'importation, d'exportation et de navigation.

Art. 9. — Les droits de douanes à prélever dans les ports ouverts se divisent en deux classes : l'une affectant les marchandises ou produits de toute nature, tant à leur importation dans l'Empire qu'à leur exportation du pays à l'étranger; l'autre affectant le corps des bâtiments faisant le commerce extérieur.

Art. 10. — Les marchandises ou produits de toute nature non prohibées, venant des pays étrangers, soit par bâtiments nationaux, soit par bâtiments étrangers, seront assujettis, à leur entrée dans les ports ouverts de l'Empire, à des droits d'importation, conformément aux tarifs annexés à la présente loi sous les n°s 1, 3 et 4.

Les droits fixes d'importation et les droits de consignation, de tonnage, de pesage, de wharfage, ainsi que les dix centimes additionnels par gourde actuellement existants sur le pesage et le wharfage, continueront à être payés en monnaies étrangères.

Art. 11. — Le droit de consignation sera perçu sur le montant total du droit fixe d'importation des marchandises, à raison de six pour cent pour les consignations aux maisons de commerce étrangères et de deux pour cent pour les consignations aux maisons de commerce haïtiennes.

Art. 12. — Le droit fixe d'importation et le droit de tonnage seront augmentés d'un droit additionnel calculé sur le montant total desdits droits, à raison de dix pour cent, payable en monnaies étrangères sur les marchandises et bâtiments des nations qui n'entretiendraient pas dans l'Empire des consuls ou des agents consulaires accrédités près le gouvernement.

La présente disposition ne s'applique point aux marchandises et bâtiments des nations qui auront officiellement reconnu le gouvernement.

Art. 13. — Les articles acajou, coton, cacao, campêche, bois jaune ou de fustic, bois de gayac et de brésillet, cuirs de bœuf et pitte payeront, à leur sortie du territoire de l'Empire, des droits fixes conformément au tarif n° 2.

Les produits du sol et de l'industrie du pays, autres que ceux mentionnés ci-dessus, sont affranchis de tous droits de douane à l'exportation.

Il sera prélevé au profit de l'État, et sans aucun frais à sa charge, le cinquième des cafés à exporter. Ce prélèvement se fera conformément aux instructions de l'administration supérieure. — Au moyen de quoi les cafés n'auront plus d'autres droits à payer pour l'exportation, ni l'un pour cent de droit de contrôle qu'on prélevait ci-devant sur les quatre cinquièmes embarqués.

Art. 14. — Les bâtiments étrangers, à leur départ des ports ouverts de l'Empire, payeront, en monnaies étrangères, pour tous droits de tonnage, d'ancrage, de port et d'expédition, une piastre par tonneau.

Art. 15. — Dès que le déchargement d'un navire aura été effectué, une commission, composée des contrôleurs du bâtiment, de l'interprète, du chef des mouvements du port et d'un employé de douane, accompagnée de l'officier de service à bord du bâtiment, assistée du capitaine du navire ou de son représentant, procédera immédiatement à sa visite dans toutes ses parties et jaugera en même temps le navire d'après le mode établi par le décret du 1er septembre 1845. Procès-verbaux doubles de ces deux opérations seront dressés sur papier timbré au type d'une gourde et signés par la commission et par le capitaine du navire, pour être remis à l'intendant des finances et au directeur de la douane, qui l'expédiera à l'intendance financière avec les pièces justificatives du droit d'importation.

Dans le cas où le jaugeage aurait eu lieu sans le concours des contrôleurs du gouvernement, les intendants des finances et les directeurs de douane doivent faire procéder à une nouvelle opération de jaugeage, s'ils reconnaissent que le bâtiment qui aura fait échelle comporte plus de tonnage que celui mentionné dans son expédition.

Art. 16. — Lorsqu'un bâtiment arrivera des îles voisines avec des denrées à bord, dans la vue de compléter dans un des ports ouverts d'Haïti son chargement de retour pour l'Europe, la visite en sera rigoureusement faite, comme il en est de tous les navires arrivant de l'étranger. Après quoi, si tous ses papiers sont du reste en règle, il sera admis à compléter en Haïti son chargement.

Art. 17. — Les bâtiments étrangers et les bâtiments nationaux qui font le commerce de long cours, après avoir effectué dans le port d'entrée le déchargement complet des marchandises destinées pour le pays, pourront opérer, dans un ou plusieurs ports ouverts, le chargement ou le complément de chargement des produits qu'ils doivent prendre pour l'exportation.

Art. 18. — Les mêmes bâtiments auront la faculté de prendre leur chargement ou leur complément de chargement en bois d'acajou et en coton au port de la Grande-Saline de l'Artibonite, et en coton au port de Saint-Marc après avoir fait leur entrée dans un port ouvert. Les droits de douane seront réglés, soit quand il s'agit du plein tonnage, ou qu'il ne s'agisse que d'un complément de tonnage, à raison de 500 pieds de bois d'acajou et de 500 livres de coton par tonneau, suivant les dispositions de l'article 15.

Cependant lorsqu'il ne s'agit, pour lesdits articles à prendre à la Grande-Saline ou à Saint-Marc, que d'un complément de tonnage, le navire devra, en partant du port ouvert, être muni d'un certificat du directeur de la douane, constatant la quantité de tonneaux chargée en son port.

Après son chargement ou son complément de chargement à la Grande-Saline ou à Saint-Marc, le navire devra se diriger sur les Gonaïves pour être de là expédié pour l'étranger.

Art. 19. — Tout bâtiment qui relèvera d'un port à un autre payera le droit d'échelle suivant : 1° de $ 200 d'Haïti pour les bâtiments de 150 tonneaux et au-dessous; 2° de $ 250 d'Haïti pour les bâtiments au-dessus de 150 tonneaux jusqu'à 200 tonneaux; 3° de $ 300 d'Haïti pour les bâtiments au-dessus de 200 tonneaux.

Art. 20. — Les bâtiments haïtiens construits ou non dans le pays, voyageant au long cours ou dans les îles voisines, sont affranchis du droit de tonnage et d'autres frais de port ou d'expédition.

Art. 21. — Là où il existera des fontaines marines pour l'usage des bâtiments faisant le commerce extérieur, chacun de ces bâtiments payera un droit en monnaie nationale, conformément au tarif n° 5.

Art. 22. — Les droits de douane établis tant à l'importation qu'à l'exportation, le droit de consignation et ceux affectant le corps des bâtiments par la présente loi, seront versés en totalité au trésor public par les consignataires desdits bâtiments, avant que ces derniers puissent obtenir leurs feuilles d'expédition pour l'étranger.

Dans tous les cas, les consignataires sont responsables, envers l'Etat, des droits dus par les cargaisons et bâtiments à leur consignation.

Si, durant le chargement ou après le chargement d'un navire pour le retour, une circonstance imprévue ou de force majeure venait à en retarder ou à en empêcher le départ, alors le consignataire aura pour tout délai quinze jours après la vérification de ses marchandises d'importation pour en verser les droits au trésor de l'État.

Art. 23. — L'impôt territorial établi sur les productions du sol et de l'industrie du pays continuera, comme par le passé, d'être retenu par les consignataires et d'être, par eux, payé au trésor public à l'exportation desdites productions, ensemble avec les autres droits de douane, et ce, conformément aux taxes déterminées en la deuxième colonne du tarif n° 2, annexé à la présente loi.

Art. 24. — Les marchandises ou produits venant de l'étranger et non désignés au tarif n° 1, seront évalués d'après les prix en gros sur la place; le montant de cette évaluation sera réduit en piastres fortes d'après le taux du cours fixé par l'administration pour la monnaie étrangère, et sur le résultat de cette réduction il sera prélevé vingt pour cent sans préjudice des dix centimes additionnels par gourde sur le wharfage et le pesage.

Si la marchandise n'est pas généralement connue, le prix en sera fixé d'après celui d'autres articles estimés de valeur égale ou approximative. Ce prix sera arrêté par le directeur de la douane, les contrôleurs du gouvernement près des douanes, assistés de deux négociants haïtiens.

Lorsque la marchandise sera d'une qualité supérieure ou de plus grande largeur que celle désignée au tarif, l'estimation sera faite de telle sorte que la taxe qui en ressortira sera en raison de sa qualité ou de sa largeur proportionnelle au droit fixé par le tarif. Ainsi pour le quart, le tiers ou la moitié en sus des largeurs prévues, la marchandise payera le quart, le tiers ou la moitié en sus des droits prévus; et si la marchandise était de double largeur, les droits seraient alors du double, et ainsi de suite.

Art. 25. — Les produits ou marchandises venant de l'étranger, introduits dans un des ports ouverts de l'Empire, par suite du naufrage du bâtiment à bord duquel ils étaient chargés, s'ils sont réclamés pour être vendus dans le pays, seront assujettis aux droits d'importation, de pesage, de wharfage, de consignation, établis par la présente loi. Dans le cas où leurs réclamateurs voudraient les exporter, ils seront tenus de les déposer dans un magasin de l'Empire jusqu'au moment de leur exportation et payeront, dans ce cas, en monnaies étrangères, pour droit d'entrepôt, deux pour cent sur la valeur de l'estimation qui en sera faite en monnaies étrangères par l'intendant des finances, le directeur de la douane, le procureur impérial et par trois commerçants haïtiens patentés ; après une année de dépôt, si ces objets n'étaient pas exportés, ils seront vendus publiquement pour le compte de qui il appartiendra, et les droits de l'État seront prélevés conformément à la loi.

Art. 26. — Si les produits ou marchandises mentionnés en l'article précédent n'étaient pas réclamés dix jours après leur sauvetage, ils seront vendus à l'encan public à la diligence des agents supérieurs de la douane et de l'administration, ainsi qu'à celle du ministère public, pour le compte de qui il appartiendra, le montant des droits d'importation sera payé, en monnaies étrangères, à raison d'un pour cent sur le produit total de la vente, sans préjudice des droits de wharfage et de pesage, et l'excédant, distraction faite des frais d'encan, sera versé au trésor public, pour être remis au propriétaire desdits produits ou marchandises si la réclamation en est faite dans le délai de cinq ans.

Art. 27. — Les marchandises et produits venant de l'étranger, et dont l'avarie aura été légalement constatée, seront vendus en douane par l'encanteur public, en présence du directeur de l'établissement, des contrôleurs du bâtiment d'où proviennent ces marchandises, de l'intendant des finances ou de son agent et du procureur impérial près la cour du ressort. Le montant des droits d'importation, de consignation sera payé en monnaies étrangères à raison d'un pour cent sur le bordereau de la vente dressé sur les lieux par l'encanteur, vérifié et signé par tous les fonctionnaires susmentionnés ; et ce, sans préjudice des droits de wharfage et de pesage et des dix centimes additionnels.

Art. 28. — Les avaries des marchandises débarquées seront constatées à l'heure même de leur débarquement par le directeur de la douane, le ministère public et trois négociants haïtiens patentés. Il en sera dressé procès-verbal en bonne forme, que le consignataire adressera avec sa réclamation à l'administration du lieu, dans les vingt-quatre heures qu'il aura été dressé. Passé ce temps, aucune réclamation pour cause d'avaries ne pourra être admise.

Art. 29. — Sont déclarés francs de tous droits de douanes, à l'importation, les projectiles et bouches à feu, de tous calibres et de toutes fontes, les fusils de munition avec baïonnettes, les mousquetons, pistolets et sabres de cavalerie pour troupes, les briquets d'infanterie, les monnaies d'or et d'argent, les machines propres à faciliter l'exploitation du sol ou la préparation des produits du pays.

Art. 30. — Sont prohibés à l'importation, les bois d'acajou et d'espinille, de campêche, de gayac, le bois jaune, dit fustic, le café, le coton en soie, le cacao, le sucre brut et terré, le rhum, le tafia, le sirop de batterie, la mélasse, les cuirs en poil, les cannes, fouets et parasols renfermant des épées ou des stylets ou autres armes ; les oreillers ou les traversins en plume ; les livres, gravures, tableaux, estampes ou autres ouvrages, n'importe leur nature, qui seraient contraires aux bonnes mœurs.

Art. 31. — Pour favoriser la culture de la canne à sucre, une prime d'encouragement sera accordée aux expéditeurs des produits suivants, après vérification faite à la douane sans frais ni droits aucuns :

1° Par chaque 100 livres de sucre brut, de belle qualité, $ 10
2° Par chaque 100 liv. de sirop de batterie de 41 deg. au moins,   8
3° Par chaque barrique de tafia de 60 gal., à 22 deg. au moins,   10
4° Par chaque barriq. de rhum de 60 gal., à 24 deg. au moins,   12

Cette prime ne sera acquittée par le trésor public qu'après le débarquement au lieu de destination desdits produits et sur le vu de l'acte de prestation de serment du capitaine et de son second, reçu par le consul d'Haïti, là où il en existe, et, à son défaut, par les autorités audit lieu de débarquement. En cas de perte du navire sur lequel seraient embarqués lesdits produits, la prime sera acquittée sur le vu du certificat d'embarquement, et après l'an et le jour si l'on a pas de nouvelles du navire.

Art. 32. — Sont prohibés à l'exportation, le plomb, le fer, le cuivre, les matières d'or et d'argent, les armes blanches et à feu, les munitions et autres articles de guerre, les juments, les ânesses, les mules et les mulets et les bois de constructions navales.

Cependant il sera facultatif d'exporter le vieux cuivre, pourvu que, dans le délai de six mois, le poids expédié et constaté par la douane par certificat soit reproduit en objets confectionnés.

Si, le délai expiré, le cuivre n'était pas réimporté, l'expéditeur payerait dans ce cas une amende de vingt-cinq pour cent sur la valeur de l'article sur place.

TITRE III.

De l'arrivée des bâtiments du commerce de long cours
dans les ports ouverts.

Art. 33. — Les chefs de mouvement des ports ouverts, sous leur responsabilité personnelle et sous peine de destitution, veilleront à ce que personne, autre que le pilote ou agent de douane dépêché par les directeurs, ne mette pied à bord des bâtiments de commerce étranger, tant que les formalités d'arrivée, comme il sera désigné par les articles suivants, n'auront pas été remplies.

Art. 34. — Aussitôt qu'un bâtiment de commerce venant de long cours se présentera devant le port, le chef des mouvements du port fera accompagner par le major des pilotes l'agent ou les agents de douane que le directeur de cette administration aura jugé devoir y envoyer.

Art. 35. — Le pilote, en montant à bord des navires venant de l'étranger, remettra aux capitaines desdits navires un livret où seront transcrites, en différentes langues, toutes les dispositions de douane concernant les devoirs des capitaines. Cesdits livrets seront remis gratis au pilote par l'interprète, sous peine de destitution de ce dernier. Les capitaines desdits navires, en se présentant à l'interprète, sont tenus en même temps qu'ils feront leur déclaration d'arrivage, de signer déclaration que remise leur a été faite dudit livret.

Art. 36. — L'agent de la douane, aussitôt son arrivée à bord, procédera immédiatement, en présence du capitaine, à l'apposition des scellés sur les écoutilles ou panneaux du bâtiment, après avoir fait mettre dans la cale tout ce qui sera trouvé sur le pont et dans la chambre. Il dressera ensuite procès-verbal d'apposition de scellés ainsi que procès-verbal d'inventaire des articles qui n'auraient pas pu entrer dans la cale. Ces procès-verbaux devront être aussi signés du capitaine, duquel il exigera la remise de son manifeste original, de ses connaissements et de ses *cockets* ou acquis de douane : ces documents seront adressés au directeur de la douane par l'entremise du pilote, sous enveloppe cachetée. Ces formalités remplies, le pilote débarquera avec le capitaine du bâtiment et l'accompagnera au bureau de la place, et de là à la douane pour y faire la déclaration de l'arrivage, assisté de l'interprète juré, auquel il présentera son registre, d'où sera extrait le tonnage de son navire ; lequel tonnage sera énoncé non pas en chiffres, mais bien en toutes lettres.

L'agent de douane sera ensuite relevé par l'officier de service qui restera à bord jusqu'au déchargement définitif de la cargaison, et il lui sera alloué, par le navire, cinq gourdes, monnaie d'Haïti, par vingt-quatre heures.

Art. 37. — Les passagers du bâtiment arrivé seront accompagnés en débarquant, par le pilote, au bureau de la place.

Art. 38. — Le capitaine du navire arrivant aura quarante-huit heures pour faire sa déclaration d'entrée et se soumettre à l'exécution de la loi sur tout ce qui est relatif au commerce étranger. Dans le cas où le bâtiment relèverait pour un port étranger, il payera en monnaies étrangères, pour tous droits d'ancrage, etc., vingt-cinq piastres, et les scellés ne seront levés que lorsque le bâtiment aura mis sous voile.

Art. 39. — L'interprète juré sera de rigueur tenu d'assister le capitaine du bâtiment dont la langue ne serait pas celle en usage dans l'Empire ou qui ne pourrait en faire usage à l'effet de rendre cette déclaration authentique.

Art. 40. — Les chefs des mouvements de port et les directeurs de douane sont individuellement obligés, sous leur responsabilité personnelle et à peine de destitution, s'il y a lieu, d'envoyer à la fin de chaque mois, à la cour des comptes et à l'intendant des finances de l'arrondissement, un état détaillé des bâtiments qui, pendant le mois, seraient arrivés de l'étranger ou seraient sortis pour l'étranger.

Aux mêmes époques et sous la même responsabilité, pareil état sera adressé par le commandant de la place au commandant de l'arrondissement duquel il relève et par celui-ci au ministère des finances et du commerce.

TITRE IV.

De l'entrée en douane des bâtiments du commerce venant de l'étranger.

Art. 41. — A l'expiration des quarante-huit heures accordées par l'article 38 au bâtiment venant de l'étranger, s'il n'a point relevé pour un port étranger, le capitaine sera tenu de se faire accompagné par un négociant-consignataire patenté ou son agent dûment accrédité en douane et par l'interprète juré, afin de faire la déclaration d'entrée de son bâtiment et de son obligation de se soumetttre aux règles établies par les lois et règlements en vigueur, affectant le corps du bâtiment, ainsi que les marchandises de sa cargaison d'importation et celle qui composeront sa cargaison d'exportation, et ce, sous toutes les peines établies par ladite loi ou lesdits règlements.

Ces déclarations et obligations seront transcrites tout de suite sur un registre expressément tenu et seront signées par le capitaine, par le négociant consignataire ou son agent, par l'interprète, s'il y en a un, et par le directeur de la douane.

Art. 42. — Le manifeste qui sera remis par le capitaine, pour être considéré authentique, doit avoir été arrêté et signé au port étranger de l'expédition du bâtiment par les autorités de la douane dudit port et visé par le consul ou agent consulaire haïtien, non commerçant, s'il s'en trouve dans le lieu de l'expédition.

Le défaut de visa, soit des factures, soit du manifeste par l'agent haïtien du port d'expédition, entraînera une amende de quarante fois la valeur du visa; laquelle amende, constatée par le procès-verbal, sera versée au trésor public en même temps avec les autres droits d'importation du navire.

Dans aucun cas un capitaine de navire ne peut se dispenser de remettre le manifeste original et les autres documents précités; s'il lui arrivait de déclarer de n'en point avoir, il sera frappé d'une amende de deux cents piastres dont le versement sera à la charge de ses consignataires.

Art. 43. — Le directeur de la douane visera le manifeste original et le transmettra, ainsi que les connaissements et *cockets* à l'interprète juré.

Art. 44. — Le consignataire du volume recueillera les notes respectives de tous les réclamateurs de marchandises chargées sur le navire et les remettra, ainsi que ses notes, factures originales et consulaires à l'interprète juré dans son bureau. Ces factures consulaires devront contenir le détail en toutes lettres, et non en chiffres, de tous les articles composant la cargaison du navire expédié, conformément aux dispositions de l'article 46 de la présente loi, et ce, sous la responsabilité personnelle des agents consulaires haïtiens.

Art. 45. — Les réclamateurs sont tenus de remettre respectivement leurs factures originales et consulaires dans le même délai à l'interprète qui, dans les vingt-quatre heures de la réception desdites pièces, les dépouillera et rédigera le manifeste signé de lui et du négociant-consignataire. Ces factures originales et consulaires doivent être visées par l'interprète juré.

Les fautes et erreurs commises par l'interprète lors de la confection du manifeste sont et demeurent à sa charge et responsabilité personnelle.

Art. 46. — Le manifeste devra faire mention du nombre de malles, caisses, emballage, colis ou futailles quelconques, etc., ainsi que les numéros, marques et contre-marques de chaque malle, caisse, emballage, colis ou futaille, avec leur contenu détaillé du nombre de pièces et celui de demi-pièces, aunages, poids et mesurages, piétages de bois et planches; enfin la désignation précise, la qualité et le nombre de toutes les marchandises généralement quelconques ainsi que le montant total de la facture.

Art. 47. — Lorsqu'un doute sera conçu par l'interprète juré sur la déclaration d'un article, et dans le cas que des pièces suffisantes ne seraient pas produites par le négociant ou les réclamateurs sur la demande de l'interprète, celui-ci devra déclarer ledit article à l'exportation; et cesdites marchandises, déclarées à l'exportation, ne pourront être vérifiées après les formalités voulues par la loi, qu'en présence de l'intendant des finances ou l'un de ses agents, concurremment avec le directeur de la douane et les contrôleurs.

Il sera prélevé, en sus du montant des droits de ses marchandises, cinq pour cent additionnels.

Toutes marchandises déclarées à l'exportation, avant d'en opérer l'entrée à l'importation, factures originales doivent accompagner la demande d'entrée à l'intendant des finances.

Les navires payeront à l'interprète juré, pour frais de rédaction, comme suit :

Ceux au-dessous de 100 tonneaux, $ 25 monnaie d'Haïti ;
Ceux de 100 à 200 tonneaux, $ 50 monnaie d'Haïti ;
Ceux au-dessus de 200 tonneaux, $ 100 monnaie d'Haïti.

Art. 48. — Le directeur de la douane fera inscrire, dans le vingt-quatre heures, sur un livre tenu à cet effet, le manifeste que lui a remis l'interprète et fera extraire de ce livre une copie qu'il aura certifiée et signée, et qu'il livrera au consignataire du bâtiment pour qu'il obtienne de l'intendant des finances l'ordre du débarquement de la cargaison, l'intendant des finances retenant la copie du manifeste et des déclarations y mentionnées, pour servir au besoin à opérer des contre-vérifications.

Pareille copie du manifeste, certifiée et signée par le directeur, devra être remise aux contrôleurs du navire pour la vérification des marchandises.

Art. 49. — Le directeur de la douane qui aura négligé, pour l'entrée en douane des bâtiments de commerce étranger, l'accomplissement des formalités prescrites au présent titre, sera signalé par l'intendant des finances de l'arrondissement à l'autorité supérieure pour obtenir son remplacement, s'il y a lieu.

Art. 50. — L'intendant enverra, à la fin de chaque mois, à la cour des comptes, les manifestes dont il a été question en l'article 42.

TITRE V.

Du déchargement des bâtiments de commerce de long cours, de la vérification des marchandises et du classement des droits relatifs aux importations.

Art. 51. — Dès que le consignataire d'un bâtiment de commerce extérieur déclarera vouloir commencer à opérer son déchargement, le directeur de la douane y enverra un de ses agents, lequel constatera l'état des scellés apposés en vertu de l'article 36, titre III, de la présente loi et fera opérer, en même temps, le récolement du procès-verbal d'inventaire, dressé en vertu de l'article suscité, des marchandises ou autres articles laissés sur le pont ou dans la chambre du bâtiment, comme n'ayant pu entrer dans la cale.

ART. 52. — Le directeur de la douane fera établir sur un cahier à souches tenu exprès pour le débarquement des cargaisons d'importation, coté et paraphé par l'intendant des finances, la déclaration du consignataire ou de son agent, jour par jour, des marchandises qui devront être débarquées d'après la note envoyée du bord par l'employé de la douane. Cette déclaration, faite à gauche de la demi-page, portera une série de numéros d'ordre dont le renouvellement commencera avec chaque trimestre et sera datée et signée par le consignataire ou son agent.

Cette déclaration devra porter les numéros, marques, contre-marques des malles, caisses, colis ou emballages quelconques, en spécifiant, en toutes lettres, le nombre des malles ou divers colis, d'après le manifeste ou bâtiment.

ART. 53. — Le directeur de la douane délivrera le permis extrait du cahier à souches sur la demi-page en regard de la déclaration dont il est question en l'article précédent. Ce permis, qui ne validera que pour le jour de sa date, répétera le contenu de la déclaration et portera le même numéro et la même date.

ART. 54. — Chaque page du cahier à souches portera le timbre de 25 centimes, et chaque rôle sera consacré pour une seule déclaration et un seul permis; lequel timbre sera remboursé par le négociant.

ART. 55. — Les déchargements commenceront toujours à s'opérer par les articles ou marchandises existant sur le pont ou dans la chambre du bâtiment.

Au fur et à mesure du débarquement, l'agent de la douane qui sera à bord prendra note du nombre des colis, de leurs numéros et de leurs différentes marques.

ART. 56. — L'agent de la douane désigné pour recevoir les marchandises ou autres objets au moment de leur débarquement, constatera, en présence du consignataire ou de son agent, qui sera tenu de lui faire remise du permis mentionné en l'article 53, les objets débarqués, confrontera les numéros, marques, contre-marques des malles, caisses, colis ou autres emballages quelconques et en rendra compte au directeur de la douane en lui remettant le permis pour le débarquement, au dos duquel l'employé écrira *vu, débarqués* et signera.

ART. 57. — Dans la matinée du jour qui précédera celui fixé pour la vérification d'une cargaison, le manifeste de cette cargaison, copié sur papier libre, sera affiché sur la porte principale du bureau de la douane, et la vérification sera annoncée au public au son de la clochette, le tout à la diligence de l'intendant des finances.

Art. 58. — Le directeur de la douane se mettra aussitôt en œuvre d'opérer ou de faire opérer la vérification la plus détaillée des objets débarqués en faisant leur récolement avec le permis qui lui aura été remis par l'employé chargé de ce service.

Art. 59. — La vérification des marchandises aura lieu publiquement et à haute voix, afin que ceux qui voudront y assister et prendre notes puissent le faire avec toute la latitude et toute la liberté possible, chaque citoyen étant contrôleur-né de toutes les opérations de la douane.

La vérification devra mentionner le nom du navire, sa nationalité, les numéros, marques et contre-marques de chaque colis vérifié, la nature, qualité et proportion de la marchandise, le nombre des pièces, l'aunage de chaque pièce, le chiffre total de l'aunage et la taxe.

Art. 60. — Le directeur de la douane portera, en même temps que la vérification s'opérera, sur le compte particulier ouvert dans le livre d'importation pour chaque déchargement, séance par séance, les articles vérifiés. Ce compte sera intitulé : *Vérification de la cargaison D.... L.... arrivé le...... et consigné à.....* La marque, le numéro, etc., des caisses ou emballages, colis, malles et futailles, seront mis en marge du compte. Le droit fixé par le tarif des marchandises vérifiées sera également porté à la suite de chaque article : et les contrôleurs, le directeur de la douane ainsi que le consignataire ou son agent qui auront opéré la vérification certifieront et signeront aussitôt au registre, qui sera écrit sans blanc ou rature indéchiffrable. Il sera tout de suite délivré au consignataire copie conforme de l'inscription de la vérification du jour, signée de la douane et du contrôle.

Art. 61. — Chaque article vérifié et trouvé juste d'après les factures originales et consulaires sera, au fur et à mesure, pointé sur le manifeste délivré par l'interprète juré.

Art. 62. — Tous colis, futailles ou emballages, ou tous autres articles trouvés en plus dans les colis, futailles ou emballages quelconques, lors des vérifications, seront soumis au double droit. Le quart de la totalité des droits prélevés sur les articles trouvés en plus sera distribué aux employés de la douane et aux contrôleurs du navire, et les trois quarts restant seront versés au trésor public.

Art. 63. — Après que le pont et la chambre du bâtiment en déchargement auront été dégagés des marchandises qui s'y trouvaient, les scellés apposés sur les panneaux et écoutilles, trouvés sains et entiers, seront levés par l'employé de douane pour faire extraire les marchandises et effets renfermés dans la cale, et aussitôt que ces marchandises et effets seront mis dans l'embarcation pour les porter à terre, l'agent de douane dressera une note exacte et signée de lui, des colis qui se trouvent dans l'embarcation, comportant marques, contre-marques et numéros ; laquelle note sera remise au directeur de la douane, qui désignera un autre employé pour assister à leur débarquement sur le quai, et s'assurer de l'exactitude. Après les opérations du jour, l'agent de douane apposera de nouveau les scellés sur les panneaux et écoutilles, en présence du capitaine et de l'officier de service à bord du bâtiment, qui signeront avec lui le procès-verbal dressé à cet effet. Il procédera ainsi jusqu'au déchargement définitif de la cargaison.

Art. 64. — Les marchandises ou effets déclarés pour l'exportation seront immédiatement débarqués et vérifiés en présence d'une commission nommée par l'intendant des finances. Lesdites marchandises ou effets déclarés, une fois vérifiés, seront ficelés, scellés, pesés et déposés dans les magasins de la douane. Procès-verbal double de cette opération sera dressé, dont l'un sera remis à l'intendant des finances.

Art. 65. — Au moment de l'embarquement des marchandises déclarées pour l'exportation, vérification en sera faite par une nouvelle commission, nommée par l'intendant des finances, et ces marchandises payeront, pour tous droits d'entrepôts, de wharfage, de pesage, etc., le dixième des droits fixés par les tarifs annexés à la présente loi. Lesdites marchandises trouvées conformes à la première vérification faite à leur débarquement seront accompagnées à bord du navire par un employé de la douane et un officier du port, lesquels réclameront, du capitaine du navire ou de son second, un reçu mentionnant la marque, les numéros et la qualité des colis ou objets quelconques. Si les marchandises ne se trouvaient pas conformes à la première vérification, le directeur de la douane en deviendra responsable, tant envers le négociant que des droits envers l'État. Le directeur sera, en outre, dénoncé à l'administration supérieure pour les poursuites de droit.

Art. 66. — Si le consignataire des marchandises déclarées pour l'exportation se décidait à les soumettre au payement des droits d'importation, il en fera la demande à l'intendant des finances et lui adressera les factures originales et consulaires des marchandises, lesquelles devront se trouver conformes à la première vérification sous les peines établies par l'article précédent.

2

Art. 67. — Aussitôt que le bâtiment du commerce étranger aura entièrement opéré son déchargement, le directeur de la douane en donnera avis à l'intendant des finances de l'arrondissement et fera aussitôt établir la feuille générale des droits d'importation, en relevant les inscriptions des vérifications du livre des comptes mentionné en l'article 60. A cette feuille seront attachés les permis de débarquement mentionnés en l'article 53. Elle sera adressée à l'intendant des finances pour en opérer lesdites vérifications.

TITRE VI.

Affranchissement des packets à vapeur,
des formalités relatives
aux navires qui font le service de long cours.

Art. 68. — Les steamers, faisant le service de packets, qui toucheront dans un des ports ouverts de l'Empire pourront y importer des marchandises étrangères. Ces marchandises seront débarquées aussitôt leur entrée et déposées à la douane du port pour y être vérifiées et assujetties aux droits d'importation.

Art. 69. — Après le débarquement des marchandises importées, le steamer pourra reprendre immédiatement la mer, sans qu'on puisse le retenir sous quelque prétexte que ce soit, au-delà du temps nécessaire pour ledit débarquement et pour la remise des lettres.

Art. 70. Le manifeste desdites marchandises débarquées sera dressé à la douane et signé par le consignataire et l'interprète du port.

Lesdites marchandises seront consignées, quel que soit le nombre des réclamateurs, à une maison de consignation, qui demeurera responsable des droits envers l'État; et ces marchandises ne pourront être vérifiées par la douane qu'en présence des contrôleurs nommés à cet effet.

Art. 71. — Les droits qui affectent le corps du navire, tels que droit de tonnage et de port, ne seront point prélevés ; les steamers en demeurent affranchis. Il ne sera prélevé de droits que ceux auxquels sont assujetties les marchandises, et ces droits devront être versés au trésor public dans le délai de trente jours à partir de celui du débarquement desdites marchandises. Pour la garantie du payement de ces droits le consignataire sera tenu de fournir cautions solvables ou de laisser à la douane le quart des marchandises à lui consignées.

TITRE VII.

De l'exportation des denrées de toute nature et marchandises, de la constatation de leur qualité, poids et mesure, et de l'établissement des droits.

Art. 72· — Préalablement au transport à la douane des denrées ou marchandises destinées pour l'exportation, le consignataire ou son agent sera tenu de présenter au directeur de la douane la note délivrée par le bureau de l'administration du contrôle, constatant la quantité de café à embarquer, portant numéro du registre tenu à cet effet, nombre, marques et numéros des sacs ; cette note, fournie par le bureau du contrôle, devra comporter le visa des contrôleurs du navire, de l'inspecteur de service aux denrées et du directeur de la douane avant d'être enregistrée sur le livre à ce affecté et remise au bureau du pesage.

Ces formalités remplies, l'inspecteur s'assure de la qualité des denrées embarquées et refuse toutes celles qui ne se trouvent point conformes aux instructions de l'administration ; constate la quantité de sacs figurant sur la note du bureau du contrôle et autorise le pesage desdites denrées.

Aussitôt l'embarquement du coton ou des 4/5 des cafés, d'après la note fournie à cet effet par le bureau du contrôle, laquelle immédiatement sera bâtonnée, il devra être annoté à travers les écritures les mots ci-après : *Vu et déjà embarqués ;* laquelle observation ensuite et sur-le-champ signée par le peseur et les contrôleurs du navire. Ces notes doivent accompagner la liasse des bordereaux d'exportation lors de l'expédition du bâtiment.

Art. 73. — Le directeur de la douane fera permuter chaque jour parmi les employés de son bureau un agent de douane qui, de concert avec les contrôleurs du navire, l'inspecteur de service aux denrées et le peseur, compteront les sacs, futailles, emballages ou colis, denrées ou marchandises à leur entrée aux balances. Cela fait, les fonctionnaires précités prennent note, chacun sur un cahier tenu à cet effet, des pesées successives.

Dans le cas où la quantité des sacs pesés n'aura pas donné le poids voulu pour les 4/5, l'appoint devra se faire immédiatement en présence de la commission susdésignée, qui en prendra note.

Jamais, dans aucun cas, il ne sera permis de déposer, soit dans le bureau du pesage ou sous les galeries de la douane, des denrées à embarquer, sauf les cas de force majeure que la commission est tenue de constater par procès-verbal dûment signé. Toutes quantités trouvées en plus, au-delà de dix sacs pour former l'appoint, seront confisquées et vendues judiciairement, conformément à l'article 8 de la présente loi.

ART. 74. — La commission et le peseur procéderont aussitôt à mesurer, peser, jauger, etc., les denrées ou marchandises à embarquer. Le peseur transcrira immédiatement sur un cahier à souche, semblable à celui mentionné en l'article 52, titre V, mais coté et paraphé par le directeur de la douane, le poids, la mesure, le jaugeage, etc., de ce qui aura été pesé, mesuré, jaugé, etc.; il portera en marge les marques et numéros des futailles, sacs, balles ou colis quelconques et remettra aussitôt, au consignataire ou à son agent, copie de cette constatation sur la partie droite du rôle à souche, visée et signée par la commission, ainsi que la partie gauche du cahier à souche.

ART. 75. — La transcription des pesées, mesurages, jaugeages, etc., établie par l'article précédent, portera une série de numéros, du commencement à la fin de chaque trimestre, et sera datée et signée par le peseur et par le consignataire ou son agent. La copie fournie au consignataire ou à son agent portera les mêmes dates et numéros que la transcription et devra être signée par la commission et le peseur.

ART. 76. — Le consignataire ou son agent présentera sur-le-champ au directeur de la douane la copie qui lui aura été remise par le peseur. Le directeur gardera cette copie en la faisant enregistrer immédiatement sur le livre d'exportation au compte particulier du bâtiment en chargement, pour servir à l'établissement des droits d'exportation.

Le consignataire ou son agent, concurremment avec la commission, signera cet enregistrement.

Cela fait, le directeur délivrera sur un timbre de 50 centimes un permis d'embarquement, mentionnant les numéros, marques, quantité de futailles, livres de bois, sacs, balles ou colis quelconques des objets à embarquer et leurs poids et mesures.

Il désignera alternativement un de ses agents, qui assistera la commission pour l'embarquement des susdits articles. La commission et l'employé écriront au dos du permis : *Vu et embarqués*, après s'être assurés de l'exactitude des objets embarqués, ils signeront et feront remise de ce permis au directeur.

Il est expressément défendu à l'administration de la douane de laisser embarquer sur un autre navire des denrées ou autres objets qui auraient été déclarés pour être embarqués sur tel bâtiment; sauf les cas d'avaries que l'administration supérieure seule est habile à apprécier.

Toutes infractions à la présente disposition entraîneront la confiscation et seront poursuivies conformément à la loi.

Art. 77. — A chaque embarquement des denrées ou autres objets d'exportation, les mêmes formalités détaillées aux articles précédents du présent titre seront observées. L'employé de service désigné par le directeur de la douane es tenu de se transporter tous les matins à sept heures et les après-midi à deux heures précises à bord du bâtiment; après avoir constaté l'état des scellés sur son cahier de procès-verbaux, en présence du capitaine et de l'officier de service à bord, il en fera la levée pour l'introduction des denrées dans la cale du bâtiment et devra y rester jusqu'aux fermetures du bureau de la douane et apposera de nouveau les scellés après avoir dressé procès-verbal de ses opérations de la journée, signé chaque jour par le capitaine ou son représentant et l'officier de service à bord du bâtiment. Il est tenu de procéder ainsi jusqu'au chargement définitif de la cargaison d'exportation.

Art. 78. — La tare pour les futailles, contenant des denrées, sera prélevée à raison de quinze pour cent, et pour les sacs à une livre et demie chacun.

Art. 79. — Aussitôt que le bâtiment en chargement aura complété la mise à bord des denrées ou articles de son exportation, le consignataire en informera le directeur de la douane, qui en donnera avis à l'intendant des finances de l'arrondissement.

Le directeur fera aussitôt dresser le bordereau général de tous les droits d'exportation, qu'il adressera à l'intendant, accompagné des certificats de pesage, mesurage, jaugeage, etc., ainsi que des permis mentionnés en l'article 76. Ce bordereau sera transcrit au livre général des droits d'exportation.

Art. 80. — Le consignataire du bâtiment, pour obtenir son expédition de la douane, sera tenu de se présenter avec le capitaine du navire à sa consignation au directeur, auquel ledit capitaine exhibera tous ses connaissements et attestera, sur la foi du serment (suivant le rit de sa religion) que la quantité de denrées portée sur lesdits connaissements est conforme à celle chargée à bord.

TITRE VIII.

Service du contrôle.

Art. 81. — Des contrôleurs, dont le nombre sera déterminé par le gouvernement pour chaque localité, seront nommés pour l'exercice du contrôle, tant à l'importation qu'à l'exportation.

Chaque contrôleur aura un ou deux employés ou secrétaires à sa charge, pour l'aider dans ses opérations. Les contrôleurs sont tenus immédiatement après la vérification des chargements d'importation et d'exportation des navires, d'expédier à S. M. l'Empereur un état détaillé des droits du bâtiment dont ils auront contrôlé la cargaison. Ils signent, à chaque opération qu'ils ont faite, les registres d'importation et d'exportation, concurremment avec le négociant ou son agent, le directeur de la douane et le peseur; ces deux fonctionnaires sont aussi tenus de signer avec eux leur cahier de contrôle, ainsi que le représentant de la maison de commerce à laquelle est consigné le navire.

Les bordereaux des droits des navires à expédier doivent porter leur visa et celui de l'inspecteur des denrées quand il s'agit des feuilles des droits d'exportation.

À l'expédition de chaque navire, les contrôleurs sont dans l'obligation de faire l'envoi de leur cahier de vérification, établissant l'état des droits, au ministère des finances et du commerce.

Il est alloué, tant aux contrôleurs qu'au directeur de la douane et à ses employés, 5 pour 100 sur le montant des droits d'importation des navires expédiés; soit 2 1/2 pour 100 revenant au contrôle, et 2 1/2 pour 100 au directeur et aux employés de la douane, qui ne percevront point d'autres appointements.

Les pénalités de la présente loi, relatives aux fonctionnaires et agents de douane qui méconnaissent leurs devoirs, sont applicables aux contrôleurs désignés par le gouvernement pour l'exercice de son contrôle sur les opérations commerciales.

Des contrôleurs seront nommés pour le service du cabotage, comme il a été établi pour celui du commerce étranger.

Il est laissé au gouvernement le droit de modifier par ordonnance les dispositions du présent article, en ce qui concerne l'allocation de 5 pour 100 accordée aux contrôleurs, directeurs et employés de douanes.

TITRE IX.

Dispositions communes aux importations et aux exportations.

ART. 82. — Si les scellés apposés à l'entrée, pendant le déchargement et pendant le chargement du bâtiment, n'étaient pas trouvés sains et entiers, et si les objets laissés sur le pont ou dans la chambre du bâtiment n'étaient pas retrouvés en même quantité, le capitaine du bâtiment sera passible des peines établies par les articles 207 jusques et y compris 214 du code pénal, sur les bris des scellés, et, en outre, à toutes autres peines établies par la présente loi, relatives à la frustration des droits revenant à l'État.

Art. 83. —Aucun débarquement ou embarquement de marchandises ou denrées quelconques, assujetties ou non aux droits de douanes, ne pourra être opéré, qu'il y ait permis ou non, avant le lever ou après le coucher du soleil.

Les débarquements ou embarquements de marchandises ou denrées quelconques pour lesquels il aurait été délivré des permis, ne pourront s'opérer que dans les lieux à ce destinés et en présence de la commission préposée pour voir s'effectuer lesdits débarquements ou embarquements.

Toute contravention aux dispositions précédentes entraînera la confiscation des objets ou marchandises débarqués ou embarqués, et rendra les personnes qui auront opéré ou facilité les débarquements ou embarquements en violation de la loi, passibles des peines établies par le titre premier de la présente loi.

Art. 84. — Les marchandises ci-après désignées, sous peine de confiscation, devront être contenues dans des colis d'une dimension de deux pieds au moins : argenterie, tous objets en argent ou en vermeil, bijouterie, montres d'or et d'argent, batiste en pièces ou en mouchoirs, dentelles en pièces ou en rubans, décorations maçonniques, passementeries fines ou mi-fines en or ou en argent et soieries.

Art. 85. Toute marchandise venant d'un port étranger où le gouvernement entretient un agent qui ne serait point accompagnée de factures originales et consulaires sera, avant toute vérification, frappée d'une amende de cent piastres au profit de la caisse publique, et procès-verbal en sera dressé.

Dans les ports étrangers où il ne se trouve point d'agents consulaires haïtiens, le capitaine du navire et les chargeurs sont tenus de faire certifier l'authenticité des factures originales et de toutes autres pièces ayant trait à la cargaison, par un notaire public, lesquelles doivent être enregistrées et timbrées ; faute par eux de remplir cette formalité voulue par la présente loi, le bâtiment sera frappé de l'amende de cent piastres dont il vient d'être parlé.

L'administration de la douane est tenue de faire figurer, au bas de chaque bordereau d'importation , le montant intégral du manifeste de la cargaison, qui , comparé à la totalité des droits prélevés, fera ressortir la proportion de tant pour 100 que la cargaison aura produite. Ce nota devra être publié chaque semaine sur la feuille officielle du gouvernement.

L'administration de la douane devra être avisée par l'intendant des finances de toutes fournitures commandées pour le compte du gouvernement et affranchies de tous droits de douane. Le directeur de cet établissement est tenu d'ouvrir un registre à ce affecté et d'inscrire, au fur et à mesure, les livraisons qui auront été faites par chaque fournisseur après vérification ; et à la dernière livraison, il en donnera avis à l'administration supérieure. Ce registre devra être signé à chaque opération par le directeur de la douane et les contrôleurs du navire qui sont tenus d'en faire mention sur le cahier de vérification expédié par eux à la fin de leurs opérations au ministère des finances et du commerce.

ART. 86. — Il sera prélevé par les consuls ou agents commerciaux de l'Empire, établis à l'étranger, des frais de visa de facture et de manifeste, comme suit :

Sur chaque facture	$ 1	à	$ 100 fortes,		50 c. Esp.
»	101	à	500	$ 1	
»	501	à	1000	» 1	50
»	1001	à	5000	» 2	
»	5001	à	10000	» 4	
»	10001	à	20000	» 6	
»	20001	et au-dessus	» 10		
Sur chaque manifeste. 2					

Les consuls et agents commerciaux à l'étranger sont tenus de faire parvenir chaque mois au gouvernement un état détaillé des chargements débarqués en leurs ports, avec désignation de la qualité et de la quantité des denrées, produits et tous autres composant les chargements d'exportation.

ART. 87. — Les bâtiments, soit nationaux, soit étrangers, faisant le commerce de long cours, ne pourront, ni en se rendant dans un port ouvert de l'Empire, ni en sortant dudit port, pour aller à l'étranger, mouiller sur les côtes, à moins d'accident de force majeure qui mettrait le bâtiment dans un péril imminent, s'il restait sous voiles.

Tout bâtiment trouvé en contravention à la disposition ci-dessus sera passible d'une amende qui ne pourra être moindre de $ 500 ni plus de $ 1000.

Si le bâtiment était surpris déchargeant ou chargeant des marchandises ou denrées, il sera confisqué et vendu, ainsi que les marchandises ou denrées, judiciairement. Les droits de l'État prélevés sur le montant de la vente, la moitié du reste appartiendra aux capteurs et l'autre moitié à l'Empire. Il en sera de même de l'amende, si elle avait lieu.

ART. 88. — Les employés de douane sont dans l'obligation de se trouver à heures fixes dans leur bureau, de se livrer sérieusement à leur travail et d'y porter tous leurs soins, sous peine de révocation par le gouvernement.

Le peseur, dans aucun cas, ne pourra commencer ses opérations sans la présence de la commission désignée par l'article 73 de la présente loi, sous peine d'être révoqué de ses fonctions.

Il sera nommé dans chaque localité un nombre suffisant d'officiers pour le service du bord des bâtiments arrivés; ils sont tenus d'y rester pendant le déchargement et le chargement du bâtiment, sous peine de destitution, en cas d'infraction aux dispositions de la présente loi.

Les chefs des mouvements des ports et ceux de la marine militaire, là où il se trouvera des bâtiments de l'État, sont chargés de la police des ports et rades tant de jour que de nuit. Ils sont tenus de faire leur rapport tous les matins, à la capitale, au gouverneur et, dans les autres lieux, aux commandants des paroisses qui en donneront avis à qui de droit.

Les officiers de ronde désignés par les chefs des mouvements des ports et ceux de la marine militaire, auront notamment pour mission de s'assurer si les officiers de service à bord des bâtiments se tiennent régulièrement à leurs postes. Ils arrêteront et saisiront toutes contraventions aux dispositions de la présente loi, et les captures et prises faites par eux seront réglées conformément au 2ᵉ alinéa de l'article 4 de la susdite loi.

Les travailleurs désignés par le gouvernement pour le service intérieur de la douane, sont dans l'obligation de s'y présenter tous les jours à heure voulue; et, en cas d'absence de quelques-uns d'entre eux, le négociant aura la faculté de les remplacer par ses propres travailleurs, en en donnant avis au directeur de la douane. Il peut aussi se servir de ses travailleurs pour l'ouverture des colis à vérifier et demeure, dans ces cas, responsable de leurs actes.

Les malles et effets des passagers arrivés de l'étranger doivent être vérifiés en présence des contrôleurs du navire; et tous objets, autres que ceux rigoureusement affectés à leur usage personnel, seront assujettis aux droits de douane.

TITRE X.

Art. 89. — Il est facultatif au gouvernement d'établir une inspection générale des douanes, chargée de s'assurer de la stricte exécution de la présente loi dans toutes ses dispositions et de la régularité de la comptabilité des douanes de l'Empire.

Les attributions des inspecteurs généraux et tout ce qui se rattache à leur exercice seront réglés par ordonnance de S. M. l'Empereur.

TITRE XI.

De l'expédition des bâtiments allant à l'étranger et de la comptabilité des douanes.

Art. 90. — Après que le bâtiment du commerce étranger aura complété son déchargement et son chargement, que les feuilles d'importation et celles d'exportation mentionnées aux articles 67 et 79 auront été envoyées à l'intendant des finances de l'arrondissement, et lorsqu'il voudra s'expédier pour l'étranger, le consignataire ou son agent prendra les doubles desdites feuilles et se présentera à l'intendant des finances de l'arrondissement qui les ordonnancera en recettes.

Art. 91. — Le montant des droits sera immédiatement versé au trésor, d'après l'ordonnance de l'intendant. Le trésorier en fournira reçu sur le double des feuilles, lesquelles seront présentées à l'intendant pour avoir son visa.

Le consignataire ou son agent se présentera au directeur de la douane avec la quittance du trésor, visée de l'intendant. Le directeur fera mention de la quittance, du trésorier sur les livres d'importation ou d'exportation en marge de la transcription des feuilles de droits. Il apposera sur les feuilles son visa pour l'enregistrement des quittances, et il donnera au capitaine du bâtiment en partance sa feuille d'expédition.

Art. 92. — Le consignataire ou son agent accompagnera le capitaine du bâtiment au bureau des mouvements du port, et le chef des mouvements, sur l'exhibition de la feuille d'expédition de la douane, mentionnant tous les articles qui composent la cargaison d'exportation, permettra la sortie du port du bâtiment. — Néanmoins le bâtiment obtiendra son expédition sans le versement préalable des droits, si, après la vérification de la cargaison d'importation, le consignataire en a déposé un quart au magasin de l'État pour la garantie des droits. Ce dépôt devra être réclamé par le capitaine ou le propriétaire du navire. Vingt jours après la vérification, les droits devront être payés ; à défaut de quoi les marchandises déposées seront vendues au profit de l'État.

Les consignataires sont contraignables par corps au payement des droits d'importation et d'exportation des marchandises à leur consignation.

Art. 93. — A la fin de chaque mois, le directeur de la douane enverra à l'intendant des finances de l'arrondissement et à la Cour des comptes, un état sommaire des bâtiments du commerce étranger entrés et sortis pendant le mois expiré, mentionnant la nature et la quotité des sommes payées pour les divers droits, soit à l'entrée, soit à la sortie desdits bâtiments.

Art. 94. — Les intendants des finances sont responsables, conjointement avec les directeurs de douane et la commission de contrôle, des omissions et erreurs qui pourraient exister dans les bordereaux établis pour la perception des droits de douane, si en ordonnançant en recettes les mêmes bordereaux, ils n'avaient pas reconnu les erreurs y existantes.

Art. 95. — Les chefs des mouvements des ports enverront, à la fin de chaque mois, à la Cour des comptes, l'état détaillé des bâtiments du commerce de long cours dont l'entrée ou la sortie aura été effectuée, pendant le mois expiré, dans le port sous leur surveillance. Cet état comprendra le jour de l'arrivée ou du départ du bâtiment, le nom et la nationalité d'icelui, le nom du capitaine et du consignataire, le tonnage, le lieu d'où vient le bâtiment ou celui de sa destination et la nature du chargement d'entrée ou de sortie.

TITRE XII.

Du Cabotage.

Art. 96. — Le cabotage ne peut être fait que par les bâtiments de construction haïtienne ou porteurs de l'acte de naturalisation, délivré en conformité des lois.

Art. 97. — Les bâtiments faisant le cabotage ne pourront être montés que par des Haïtiens, et les douaniers ou préposés d'administration ne connaîtront, sous aucun prétexte, pour les expédier ou pour recevoir leurs déclarations que des citoyens du pays.

Art. 98. — Les marchandises ou denrées quelconques transportées par le cabotage ne pourront être expédiées d'un port à un autre que d'après une facture où les articles seront détaillés par poids, mesures, qualités et espèces, et après que la vérification en aura été faite à la douane du port de l'expédition en bonne forme, par les préposés d'administration ou les agents des douanes.

Art. 99. — Les agents de douane et les préposés d'administration, soit au port de l'embarquement ou à celui de débarquement, sont tenus de vérifier strictement les marchandises ou denrées embarquées et de constater les vérifications qu'ils ont opérées, soit pour permettre le chargement, soit pour permettre le déchargement des objets mentionnés dans la facture.

Art. 100. — Les bâtiments du cabotage pourront être expédiés pour tous les ports de l'île lorsqu'il seront chargés de marchandises ou productions étrangères ou des productions de l'Empire ou pour la consommation du pays. Mais lorsqu'ils seront chargés de denrées, productions destinées à l'exportation pour l'étranger, ils ne pourront être expédiés que pour les ports ouverts de l'Empire, toujours en remplissant les formalités prescrites au présent titre.

Art. 101. — En cas d'événement survenu à la mer par force majeure ou autrement à un caboteur destiné pour un port ouvert de l'Empire, et qui occasionnerait la perte du tout ou partie de la denrée dont il serait chargé, l'impôt territorial dû à l'État sur les denrées d'exportation à l'étranger sera néanmoins versé au trésor public par le chargeur, à la diligence de l'intendant des finances de l'arrondissement, attendu que le chargeur de la denrée aurait retenu du producteur le même impôt territorial en achetant cette denrée.

Le dernier alinéa de l'article 13 prescrit qu'au moyen du cinquième prélevé sur les cafés, cette denrée ne paye plus d'autres droits au fisc; néanmoins, si les cafés expédiés d'un des ports du littoral à un port ouvert au commerce extérieur venaient à se perdre en mer, l'impôt territorial est dû à l'État sur ces cafés perdus et doit être payé par le chargeur comme le prescrit le présent article pour toutes les autres denrées dont la perte a lieu par suite d'accident. Cet impôt territorial sur le café sera, dans ce cas, payé sur le pied de neuf gourdes le millier.

Art. 102. — Tous les quinze jours, les préposés d'administration des ports non ouverts au commerce étranger sont tenus de faire parvenir, au directeur de la douane du port de la juridiction, l'état des caboteurs dont l'entrée et la sortie auront eu lieu dans le port sous leur administration. Cet état comprendra la date de l'arrivée ou du départ, le nom du bâtiment caboteur et celui du capitaine, le lieu de la destination et les objets du chargement ou de déchargement.

A la réception des états ci-dessus, l'intendant fera opérer les vérifications nécessaires, et, à la fin du trimestre, il formera un état général des mouvements du cabotage de l'administration sous sa direction, qu'il adressera au ministre des finances et du commerce, afin que les vérifications sur les mouvements du cabotage puissent s'établir par comparaison des départs et arrivées, pour s'assurer de l'exactitude des opérations du cabotage.

Art. 103. — Les productions du pays en liquide, les sucres et les sirops dont les caboteurs seront chargés pour les ports de la cote et pour la consommation intérieure, devront être toujours accompagnés du certificat d'origine, signé du producteur et visé par le juge de paix et le commandant de la commune, lesquels ne donneront leur visa qu'après l'exhibition de la quittance pour la patente ou pour l'impôt foncier payable par le producteur.

Les liquides et sucres seront vérifiés à leur embarquement et débarquement, afin de s'assurer qu'ils soient d'origine et de production haïtiennes. Les liquides seront en outre dégustés.

Art. 104. — Dans les ports non ouverts au commerce extérieur, il ne sera permis ni d'embarquer ni de débarquer les denrées ou marchandises par le cabotage, ailleurs que sur les points où seront établis les bureaux des préposés d'administration.

Art. 105. — Toute denrée propre à l'exportation du commerce extérieur qui sera trouvée en dépôt sur le littoral et pour laquelle il n'y aurait pas eu un permis de la police locale pour la transporter par mer dans le port le plus voisin, sera saisie et confisquée, moitié au profit de la police qui aura saisi, et moitié au profit de l'Empire.

Art. 106. — Toute négligence des préposés d'administration ou agents de douane en ce qui est relatif au service et à l'expédition du cabotage, sera signalée à l'autorité supérieure. Lesdits préposés et agents encourront la perte de leurs emplois et pourront même être passibles de plus fortes peines, d'après la présente loi, si le cas y échet.

Art. 107. — Toutes denrées, marchandises ou effets trouvés à bord des caboteurs sans expédition, ou tous ceux trouvés en plus des quantités mentionnées aux expéditions prévues par le présent titre, ou qui seraient d'une autre nature que celle spécifiée, seront saisis, confisqués et vendus publiquement. La moitié du net produit appartiendra à ceux qui auront fait découvrir la fraude et l'autre moitié à l'État.

Le capitaine sera en outre passible d'une amende égale à la valeur des objets saisis, à laquelle il sera condamné, même par corps. Il sera, en outre, passible de plus fortes peines, si le cas y échet.

Art. 108. — Tous bâtiments faisant le cabotage sur les côtes de l'Empire, qui auront été employés ou qui auront servi à faire ou aidé à faire la contrebande, soit en denrées du pays, soit en marchandises étrangères, soit sur les côtes ou en mer jusqu'à vingt-cinq lieues au large, seront saisis et vendus judiciairement; — après le prélèvement des frais et des droits dus à l'État sur les marchandises ou denrées, la moitié du net produit appartiendra aux capteurs, l'autre moitié à l'Empire.

Le capitaine, les hommes de l'équipage et les passagers qui seraient reconnus auteurs ou complices de la fraude seront condamnés aux peines à établir d'après les dispositions du titre Iᵉʳ de la présente loi.

Il est expressément défendu à l'administration du contrôle de prélever le cinquième revenant à l'État sur les cafés et cotons expédiés par le cabotage d'un port ouvert à un autre;

ce cinquième ne devant être perçu que dans le port ouvert d'expédition pour l'étranger. Toute violation à la présente disposition par l'administration du contrôle entraînera la confiscation des cafés et cotons au profit de l'État et la révocation du directeur du contrôle du port d'expédition desdites denrées.

TITRE XIII.

Du Pilotage.

Art. 109. — Outre le pilotage qui sera payé directement au pilote, le commandant du port recevra de chaque navire, au moment de délivrer la carte de sortie :

Pour les navires au-dessous de 100 ton., § 10 mon. d'Haïti.

»	de 100 à 200	»	20	»
»	de 201 à 300	»	30	»
»	au-dessus de 301	»	40	»

Art. 110. — Un droit de pilotage, dont la moitié à verser au trésor public et l'autre moitié à payer directement au pilote par les navires, sous la responsabilité de leur consignataire, est établi comme suit :

POUR LE PORT-AU-PRINCE.

Quand le pilote prendra les navires en dehors et au large des grands récifs, il recevra :

Pour les navires au-dessus de 300 ton., § 120 mon. d'Haïti.
Au-dessous de 300 tonneaux, 80 »

et lorsqu'il ne montera à bord du navire qu'en dedans des grands récifs, à la hauteur des trois Ilets, il recevra :

Pour les navires au-dessus de 300 ton., § 30 mon. d'Haïti.
» au-dessous de 300 » 20 »

A la sortie des navires, le pilote recevra :

Pour les navires au-dessus de 300 ton., § 30 mon. d'Haïti.
» au-dessous de 300 » 20 »

POUR LE PORT DU CAP HAÏTIEN.

Les navires pris par le pilote à une lieue au large du Picolet payeront, s'ils sont au-dessus de 300 ton., § 120 mon. d'Haïti.
au-dessous de 300 » 80 »
Ce droit sera de § 30 monnaie d'Haïti pour les navires de

plus de 300 tonneaux, lorsque les pilotes n'atteindront pas les navires à la distance d'une lieue du Picolet.

A la sortie des navires, le pilote recevra :

Pour les navires au-dessus de 300 ton., $ 30 mon. d'Haïti.
    »   au-dessous de 300 »   20   »

PORT DES CAYES.

Les navires pris par le pilote au large et au vent de la Folle, payeront, pour ceux de 100 à 200 ton., $ 160 mon. d'Haïti.
               201 à 300 »   200   »
               301 et au-dessus, 240   »

Lorsqu'ils seront pris à la Caye d'Oranges ou à l'ouest de l'Ile-à-Vaches, ils payeront :

Pour ceux de 100 à 200 tonneaux, $ 120 mon. d'Haïti.
   »   de 201 à 300   »   160   »
   »   de 300 et au-dessus   200   »

Et en deçà de la Caye d'Oranges ou de la pointe ouest de l'Ile à-Vaches,
Pour ceux au-dessus de 300 ton., $ 30 monnaie d'Haïti.
   »   au-dessous de 300 »   20   »

Pour la sortie des navires, selon les mêmes tonnages, $ 30 monnaie d'Haïti, et $ 20 monnaie d'Haïti.

PORT DES GONAÏVES.

Navires pris en dehors de la pointe de Lapierre : — Ceux au-dessus de 300 tonneaux, $ 120 monnaie d'Haïti.
Et ceux au-dessous de 300 tonneaux, 80   »

Les navires prix en deçà de ladite pointe Lapierre payeront $ 30 gourdes monnaie d'Haïti, et $ 20 monnaie d'Haïti, selon leur tonnage ; et ainsi à la sortie, d'après le même tonnage, $ et 30 monnaie d'Haïti, et $ 20 monnaie d'Haïti.

PORT DE JACMEL.

Navires pris à la hauteur de la baie Baguette : — Ceux au-dessus de 300 tonneaux, $ 120 monnaie d'Haïti.
Et ceux au-dessous de 300 tonneaux, 80   »
Et en deçà de ladite pointe, ceux au-dessus de 300 tonneaux, $ 30 monnaie d'Haïti.
Ceux au-dessous de 300 tonneaux, $ 20 monnaie d'Haïti.
      A la sortie,   30   »
et $ 20 monnaie d'Haïti, selon leur tonnage.

PORT DE JÉRÉMIE.

Navires pris à la pointe Dommage ou au Petit-Trou des
Roseaux; ceux au-dessus de 300 ton., $ 120 monnaie d'Haïti.

Au-dessous de 300 » 80 »

En deçà de ces deux pointes : ceux au-dessus de 300 tonneaux, $ 30 monnaie d'Haïti.

Au-dessous de 300 tonneaux, $ 20 monnaie d'Haïti.

A la sortie, $ 30 monnaie d'Haïti, et $ 20 monnaie d'Haïti,
selon leur tonnage.

Art. 111. — Là où il existera des vigies, chaque navire
payera au vigiste, par son consignataire, $ 20 monn. d'Haïti,
mais seulement quand le navire aura été signalé en temps
opportun pour que le pilote le prenne à la distance la plus
éloignée, prévue par les tarifs susmentionnés.

Art. 112. — La présente loi abroge toutes lois et dispositions qui lui sont contraires; elle sera imprimée et publiée, et
le ministre des finances et du commerce est chargé de son
exécution.

Donné à la Maison nationale, au Port-au-Prince, le 9 juin
1858, an 55° de l'indépendance et du règne de Sa Majesté
Impériale le 9°.

Le président du sénat,
F. LACRUZ.

Les secrétaires,
P. F. DE TOUSSAINT, P. L. CARIÈS.

Donné à la chambre des représentants, au Port-au-Prince,
le 5 juillet 1858, an 55° de l'indépendance et 9° du règne de
Sa Majesté Impériale.

Le président de la chambre,
JEANBART A^{ne}.

Les secrétaires,
F. RICHIEZ, M^{l} MARS.

AU NOM DE LA NATION

Nous, FAUSTIN 1er, par la grâce de Dieu et la loi constitutionnelle de
l'Empire, empereur d'Haïti, à tous présents et à venir, salut :

Mandons et ordonnons que la loi ci-dessus du Corps législatif soit
revêtue du sceau de l'Empire, publiée et exécutée.

Donné en notre palais impérial du Port-au-Prince, le 13 juillet 1858, an
55e de l'indépendance et de notre règne le 9e.

FAUSTIN.

Par l'Empereur :

Le duc de Saint-Louis du Sud,
ministre des finances et du commerce,

SALOMON jeune.

TARIF Nº 1
DROITS A L'IMPORTATION (¹)

DÉSIGNATION DES OBJETS.	DROITS.	
	$	c.
A		
Absinthe, les 12 bouteilles ordinaires.....................		75
— les 12 grosses bouteilles ou litres...............	1	
Acide tartrique, la livre...........................		12
— sulfurique, la bouteille ordinaire............. ..		6
Acier en barres, le quintal...	2	
— en lames, —	2	50
Affûts ou arçons de selles. (Voyez bâts et affûts.)		
Agrafes de toutes qualités, les 12 douzaines.............		3*
Aiguilles fines, à coudre, le millier.....................		10
— à voile —		25
Aiguillettes en or fin, chaque.....................	1	
— en argent fin, chaque.....................		75
— ou or et argent faux, chaque...............		50
— en soie, chaque...........................		10
— en laine, fil ou coton, la douzaine.............		50
Ail en macornes et en grenier, le quintal.................	2	
Alambics en cuivre, avec couleuvre et chapiteau, ch. gallon.		12
— sans couleuvre ni chapiteau, chaque gallon.......		6
— en fer-blanc, pour liqʳ et autre usage, de 10 à 12 g., ch.	1	
Alènes montées, la douzaine..........................		12
— non montées, le cent.......................		25
Allumettes, la grosse d'allumettes.....................		2*
Almanachs fins à filets dorés, la douzaine.............		37
— de petits enfants, à figures, la douzaine.........		50
— de cabinet, la douzaine.....................		25
— de poche, la douzaine.....................		12
Alphabets communs, le cent.....................		50
— à figures, le cent.....................	1	
Amandes, le quintal.....................	1	
Anchois en caisse de 12 pobans.....................		30
— en pots ou en petits barils, le pot ou le baril......		15
Ancres de navire, le quintal.....................		50
Andouilles, andouillettes, le quintal.....................	2	
Anes, ânesses (francs de droits).		
Anis vert et étoilé, la livre.....................		5
Anisado (anis distillé), le gallon.....................		25
Anisette en paniers de 12 pomponelles, le panier..........		40
— en caisse, les 12 bouteilles.....................	2	50
Anneaux en cuivre pour rideaux, la grosse.............		50
— en métal pour clefs d'armoires et bureaux, la grosse.	1	
— en fer pour tentes, la grosse.....................		25
Archets de violon, la douzaine.....................	1	
Ardoises pour écoliers, la douzaine.....................		6

(¹) Les droits suivis d'un astérique (*) ont été modifiés.

3

DÉSIGNATION DES OBJETS.	DROITS.	
	$	c.
Ardoises pour maisons (franches de droits).		
Argent monnayé (franc de droit).		
— brûlé ou en lingot (franc de droit).		
— faux en feuilles, les 100 feuilles............		50
Argenteries fines, autres que celles tarifées, la livre.........	2	
Armoires d'acajou ou bois recherché, chaque.·.........	10	
— en chêne ou bois commun, chaque............	3	
Arrosoirs en fer-blanc, chaque............		25
— en cuivre, chaque............		50
— en tôle, chaque............		25
Arrow-root en poudre, fécule de pomme de terre, la livre...		3
Assiettes de fer-blanc et d'étain, la douzaine............		50
— en osier, la douzaine............		50
— de composition, la douzaine............		75
Atlas d'hydrographie ou de géographie, reliés en peau, ch.		25
— — — cartonnés, chaque.		12
— — — brochés, chaque...		2
— de géographie, chaque............		25
Avirons, chaque............		6
Avoine en barils, le baril............		30
— en dames-jeannes, la dame-jeanne............		12
Azur en poudre ou en roche, la livre............		12

B

Baguettes pour gants, la douzaine............		12
Bahuts ou bailles, par jeux assortis, la douzaine............	1	
— ou cassettes, la douzaine............		75
Baignoires en cuivre, grandes, chaque............	2	
— — petites, chaque............	1	50
— — montées sur fauteuil ou demi-bain, chaq.	1	
— en fer-blanc, grandes et petites, chaque.........	1	
— — montées sur fauteuil ou demi-bain, ch.		75
— en bois, ou grandes bailles, chaque............	1	50
— — petites par jeux de 6, le jeu............	2	
Balais en crin et en paille, la douzaine............	1	
— à main, la douzaine............		50
— en plumes, à main, la douzaine............	1	
Balances composées de plateaux, fléaux et chaînes en fer pouvant peser 10 quintaux et au-dessus, chaque....	2	
— comme ci-dessus, de 5 et au-dessous de 10 q^{taux}, chac.	1	
— un et au-dessous de 5 quintaux, chaque........		50
— riches en cuivre doré ou argenté, avec plateaux ou montées sur colonne, chaque............	3	
— ordinaires, de boutique, à plateaux de métal, chaq.		50
— — — en fer-blanc, la douzaine..	2	50
— à la romaine, chaque............	1	
Balustrade en fer, les cent livres............	1	50
Bandes de mousseline, percale et organdi, brodées, l'aune...		6

DÉSIGNATION DES OBJETS.	DROITS.	
	$	c.
Bandes de mousseline, percale et organdi, doubles, l'aune...		12
— de batiste, brodées, l'aune....................		8
— — doubles, l'aune...................		16
— en papier, pour chapeaux, la douzaine............		6
— pour lettres, la douzaine........................		3
Barattes, chaque....................		25
Barriques vides, de soixante gallons, chaque..............		4
Barsac (pavé de), de toutes dimensions, la pièce...........		5
Bas de soie pour hommes et femmes, la douzaine de paires..		60
— — pour enfants,.......... — ..		40
— de fil d'Écosse pour femmes.... — ..		50
— de fil pour hommes.......... — ..		50
— de coton.................... — ..		50*
— de laine.................... — ..		50
— pour enfants, en coton et en laine, — ..		37*
Basanes, la douzaine		50
Basins-mousseline. (Voyez mousseline.)		
— piqués croisés, fins, de 24 p^{ces} et au-dsous de large, l'aune		6
— piqués croisés, ordin. de 24 p^{ces} et au-dsous de large, l'aune		4
— des mêmes communs et étroits, l'aune.............		3
— en couleur et à raies, larges de 24 pouces, l'aune.....		5
— en couleurs étroits, larges de 24 pouces, l'aune. ...		3
Basses, instruments de musique, chaque..................	1	
Bassins en cuivre, la livre.........................		6
— en étain, chaque.........................		12
— en faïence ou porcelaine, chaque.................		12
Bassines en cuivre, la livre.......................		6
Bassons, instruments de musique, chaque................		50
Bâtiments en verre, ivoire, ou autres matières recherchées		
pour ornement, chaque......................	3	
Batiste de fil blanc, en p^{ce}, ou en crau. de 30 p^{ces}, et au-dsous, l'au^{ne}		10
— au-dessus de 30 pouces. (Voyez l'art. 24, 3e alinéa.)		
— de coton, de 30 pouces et au-dessous, l'aune........		6
— de fil écru, — —		8
Bâts et affûts de selle, chaque....................		25
Batterie de cuisine en cuivre, le quintal..................	12	
— — en tôle ou en fer battu, le quintal.......	1	
Baudriers en buffle, la douzaine.....................	2	
— vernis, la douzaine.....................	2	50
— galonnés ou brodés, chaque..................	4	
Beaufort (toile de), de 30 pouces et au-dessous, l'aune......		2
— — au-dessus de 30 p^{ces}. (V. art. 24, 3e. alinéa).		
Bénitiers en métal, la douzaine.......................		50
— en faïence et en porcelaine. (V. faïence et porcelaine.)		
Berceaux en osier, pour enfant, chaque.................		25
— en acajou, chaque.........................	1	
Betteraves en barils, le baril........................	1	
— en paniers, le panier........................		25

DÉSIGNATION DES OBJETS.	DROITS.	
	$	c·
Beurre, le quintal..........................	1	
Beurriers en verre, chaque...................		6
Bidets garnis en maroquin, chaque............	1	
— ordinaires, à dossier, chaque...........		50
— en fer-blanc avec seringue, chaque......		50
— en faïence, simples, chaque............		20
Bidons en fer-blanc, la douzaine.............		50
Bierre en barriques, la barrique de 60 gallons........	2	
— en demi-barriques, la demi-barrique de 30 gallons..	1	
— en bouteilles, la douzaine de bouteilles		25
Bijouterie fausse, non prévue, 20 p. 0/0 *ad valorem*......		
— fine, non prévue, 10 p. 0/0 *ad valorem*........		
Billards en acajou, ou bois recherché, chaque........ ...	25	
— en bois commun, chaque.....................	15	
Billes pour billard, le jeu de 4 billes...............	1	50
— — (jeu de poule), les 24 billes...........	3	
Biscuits blancs, le quintal....................		75
— communs, le quintal.....................		37
— petits, le quintal.......................		75
Bitter en bouteilles, la douzaine................	1	50
— en demi-bouteilles, la douzaine.............		75
Blanc de baleine, la livre.....................		5
— de céruse et d'Espagne, le baril..........		35
— ou fard, pour femmes, le pot.............		20
Blé noir ou bauguise, le baril..................		50
Bleu de Prusse, la livre......................		15*
Bocaux en verre, de toutes dimensions, sans leurs capsules, ch^e.		3
Bœuf salé, le baril........................	1	50
— fumé, le quintal......................	1	50
— salé à la mode, le pot ou le frequin........		50
Bœufs en vie (francs de droits).		
Bois équarris, de pitchpin, le millier.............	2	
— de sap, le millier....................	1	75
Boîtes complètes d'instruments de mathématiques, chaque..		50
— par jeux, le jeu.....................	2	
— de jeux de bête.....................		75
— à thé, en fer-blanc, chaque............		25
— en cuir pour chapeaux, chaque..........		50
— à rasoirs, avec peignes et glace, chaque.........		50
— de parfumerie, comp. de 6 pièces de parfumerie, ch. b^te.		8
— en carton, nuancées, avec verre ou miroir, la douzaine.		6
— en carton, en bois, p. pilules, past., pains à cach., la douz.		3
— servant à mettre l'argenterie, chaque............	1	50
— à barbe, la douzaine....................		20
— à couturière, chaque....................		50
— à musique, chaque.....................	1	
Bombasin ou deuil de soie et de laine, alpaga et autres étoffes de même espèce, de 30 pouces et au-dessous, l'aune		8

DÉSIGNATION DES OBJETS.	DROITS.	
	$	c.
Bombasin de pure laine ou de poil de chèvre, de 30 pouces et au-dessous, l'aune..................................		6
— au-dessus des dimens. ci-dsus. (V. l'art. 24, 3ᵉ alinéa.)		
Bombes (projectiles), franches de droits.		
— en fer et en potin, chaque.....................		25
Bonbons en pâte, de toutes qualités, la livre...............		4
— en sucre, cristallisés ou non, la livre...............		5
Bonnets de poil d'ours, pour sapeurs, chaque...............		50
— de soie noire, pour hommes, la douzaine...........		50
— de soie noire et coton, pour hommes, la douzaine..		50
— de dentelle, pour femmes, la douzaine...........	2	
— de mousseline brodée, pour femmes, la douzaine..	1	
— de laine ou coton, la douzaine...................		25
— en étoffe, simples, pour militaires et autres, la douz.	1	
— en cuir, la douzaine...........................	1	
— d'enfants, en dent., tulle, ou autr. étof. riches, la douz.	2	
— d'enfants, de mousseline, de nansouk, brodés, la dⁿᵉ.	1	
Boquittes, la douzaine..............................		75
Bottes à revers ou unies, fines et ordinaires, la paire.......	1	50
— communes, grandes et moyennes, la paire..........		50
— pour troupes, la paire..........................		25
Bottines et demi-bottes, la paire......................		75
— pour troupes...............................		25
Boucauts en bottes. (Voyez futaille.)		
— vides, chaque...............................		25
Bouchons assortis, le millier.........................		25
— de liége, garnis, le cent.		40
Boucles de métal autre que l'or et l'argent, la grosse.......		50
— pour rubans de chapeaux ronds, la grosse........		60
— de sellerie, assorties, non plaquées, la grosse......		25
— — — plaquées, la grosse.........		50
Bougeoirs plaqués, de toutes dimens., sans leurs verrines, la pre.		50
— unis et ceux en cuivre, sans leurs verrines, la paire.		12
— en verre, sans leurs verrines, la paire...........		25
Bougies à brûler, la livre..............................		5
Bouilloires en cuivre, chaque..........................		20
— de potin ou fer-blanc, chaque.................		8
Boulets de tous calibres (francs de droits).		
Bourses en collier ou en acier, la douzaine...............	1	
— en soie, avec fermoir en or ou en argent, chaque...		12
— sans fermoir, à coulisse ou à anneaux, la douzaine.	1	
— avec fermoir en cuivre doré ou argenté, la douzaine.	2	50
— en étoffe commune, la douzaine................		50
Boussoles de toutes espèces, autres que celles pour navires, 20 p. 0/0 *ad valorem*.		
Bouteilles vides, le cent.............................		50
— — garnies en osier ou en peau, assorties, la douz.		30
Boutons de métal, gravés pour officiers, la grosse..........		50

DÉSIGNATION DES OBJETS.	DROITS.	
	$	C.
Boutons de métal, gravés ou à balle, pour troupes, la grosse.		18
— — unis, plats, fins, la grosse..............		40
— pour pantalons, la grosse.....................		10
— de nacre, d'agathe, serge ou soie, gros, la grosse...		20
— — — — — petits, la grosse...		15
— de fil ou de verre......................		10
— d'os ou de bois, le paquet de douze rangs.........		10
— p. chem. ou hab., montés sur cuiv. ou arg. doré, 12 p^{rcs}		50
Bouvets, la douzaine de paires.....................	1	
Bracelets en rubans de soie, la paire..................		12
— en or, argent et argent doré. (Voyez bijouterie fine.)		
Brai gras et sec, le baril........................		50
Bretagne large de 2/3, de fil ou de fil et coton, l'aune......		6
— étroite au-dessous de 2/3, de fil ou de fil et coton, l'aune		4
— de coton pur, large de 2/3, l'aune...............		3
— — — étroite, au-dessous de 2/3, l'aune...		2
Bretelles fines, brodées en soie, avec boucles dorées ou argentées, la douzaine de paires.................	1	
— en coton, coutil de fil et gomme élastique avec boucles de fer, étain ou cuivre poli, la douz. de paires.		30
— fines, à boucles de métal et d'étoffes diverses, la douz.		75
— de coton, communes, à boucles de fer, la douzaine.		12
— de fusil, en cuir, la douzaine...................		6
Brides montées, avec mors plaqués, chaque............	1	50
— fines, sans mors, la douzaine de brides............	6	
— communes, sans mors, la douzaine de brides........	6	
Brin de 7/8 et de 3/4, l'aune.....................		2
— de grande largeur, l'aune.....................		4
Briques, le millier........................		50
Briquets phosphoriques, chaque....		3
— en acier, à battre le feu, la douzaine..............		10
— d'infanterie, pour troupes (francs de droit).		
Broches de cuisine, avec chaîne en fer, chaque...........	1	
Brodequins pour femmes, la douzaine................	2	50
— demi — —	2	
Broquettes, le 100........................		2*
Brosses fines à habits, la douzaine..................		60
— communes, à souliers, la douzaine..............		25
— à dents, la douzaine....................		20
— pour tête, la douzaine....................		50
Brouettes, chaque........................		75
Buffets en acajou ou en bois recherché, chaque...........	7	
— en bois commun, chaque...................	3	
Bulles ou cartons coupés, la douzaine................		12
Burat de 30 pouces et au-dessous, l'aune..............		5
Bureaux, secrétaires en acajou ou en bois recherché, chaque.	8	
— — en chêne ou en bois commun, chaque..	4	
Burettes en cristal, la paire.....................		25

DÉSIGNATION DES OBJETS.	DROITS.	
	$	c.
Bustes en plâtre, au-dessus de 24 pouces de hauteur, chaq.		50
— — de 12 à 24 pouces de hauteur, chaque....		25
— — au-dessous de 12 p^{ces} de hauteur, la douz..	1	

C

	$	c.
Câbles en chaînes de fer, pour navires, le quintal.........	1	
Cabris en vie (francs de droits).		
Cabrouets, grands, chaque....................	3	
— moyens, chaque........................	2	
Cache-peigne ou garnitures de peignes en pierres fausses, chaq.		75
Cachets en cuivre, pour bureaux, la douzaine.............		30
Cadenas en cuivre, la douzaine.........................	1	
— en fer, la douzaine		30
Cadres dorés ou non dorés de toutes dimensions, pour tableaux ou glaces, 20 p. 0/0 *ad valorem.*		
Cafetières en argent, le marc....................	1	50
— — plaquées, chaque..................		30
— en fer-blanc, simp. ou comp. de plusieurs pièces, ch.		25
— — communes, la douzaine.............		80
— en faïence, montées sur fourneaux en fer, dites à la Dubelloy, chaque....		75
— en faïence, simples, chaque		6
Cages assorties, la douzaine.......................	2	
Cahiers, méthodes ou livres de musique, reliés en peau ou maroquin, dorés ou non dorés, chaque...........		25
— des mêmes, cartonnés ou brochés, chaque........		15
Caisses de genièvre, avec les douze pobans vides, chaque....		20
Calanderie véritable, de 30 pouces et au-dessous, l'aune....		12
Caleçons de laine, chaque....................		25
— de coton, chaque....................		12
Calemande double, de 30 pouces et au-dessous, l'aune......		12
— simple, — — —		6
Calenkart, de 30 pouces et au dessous, l'aune...........		6
Calices en argent plaqué, chaque...................		50
Cambrai véritable ou cambrésine, de 30 p^{ces} et au-dsous, l'aune		3
Camelot, de 30 pouces et au-dessous, l'aune..............		5
Canapés ou sophas, en bois divers, couverts en étoffes de crin, maroquin ou soie, chaque..............	5	
— en bois peint ou verni, à fond de paille ou de jonc, fins, dorés ou non dorés, chaque...	4	
— en bois ou paille, communs, à fond doré ou non, chac.	2	
Canaris et formes à sucre, chaque.....................		4
Canifs fins, la douzaine...........................		50
— communs, la douzaine......................		50
Cannelle, la livre..............................		4
Cannes à main, de jonc, garnies en or, chaque...........	2	50
— — — en argent, chaque.............	1	
— — — en écaille, chaque.............	3	

DÉSIGNATION DES OBJETS.	DROITS.	
	$	c.
Cannes à main, de jonc, en coco, or faux, ou en corne. la douz.	1	50
— de bois commun, verni, la douzaine............... ...	1	
— en fer, la douzaine...........................	1	
— de tambour-major, à pomme d'argent ou d'arg. doré, ch.	4	
Canevettes de forme ordinaire, garnies de flacons dorés ou non dorés, vides, chaque....................	1	
Canniques en marbre, le cent...................		25
Canons de cuivre, de fer ou de fonte (francs de droits).		
Cannetilles en or ou en argent fin, l'once.............		20
— — — faux, l'once.............		10
Caparaçons d'étoffes fines, richement brodés en or, chaque..	4	
— — — — en argent, chaq.	2	50
— de soie, unis ou brodés en couleur, chaque......	1	25
— de coton, unis ou brodés en couleur, chaque.....		30
Capotes de castor, pour femmes, de toutes qualités, la douz.	8	
— — pour enfants, — —	3	
Câpres, les 12 pobans......................		20
Capsules à percussion, le millier...................		20
— pour bocaux, la douzaine.................		25
Carabines fines à 1 et plusieurs coups, chaque.........	4	
— ordinaires à 1 et plusieurs coups, chaque.......	3	
Caractères d'imprimerie, la livre..................		1
Carafes pour porte-huilier ou porte-liqueur, en verre fin, la paire		12
— — — en cristal, la paire.		25
— — — — —		50
— en verre fin, la paire.................		30
— — commun, la paire.................		20
Carnasssières de chasse, la douzaine..............	2	
Carottes en barils, le baril....................		50
Carreaux à carreler, de divers pans et vernis, le millier.....	1	
— de marbre, le millier..................	10	
— ordinaires, à carreler, de 6 pouces, le millier......		50
— d'Alotte (pierre), le millier.................	5	
Cartes à jouer, le sixain, composé de 6 jeux...........		25
— de marine ou de géographie, détachées, montées sur toile, et vernies, larges de plus de 48 pouces, chac.		25
— de marine ou de géographie, détachées, montées, sur toile, et vernies, au-dessous de 48 pouces de large, ch.		12
Cartons coupés pour chapeaux, la douzaine...........		50
— de bureaux, la douzaine................	1	
— pour chapeaux..................		75
— pour modes, la douzaine..............		50
— en feuilles assorties, la douzaine..............		16
Carrelets pour chapeliers, la douzaine............		50
Casaques de cultivateurs, la douzaine..............		50
Casimir en laine pure, croisé, au-dessus de 4 quarts, l'aune..		25
— — — au-dessous de 4 quarts, l'aune.		15
— — et coton, croisé, au-dessus de 4 quarts, l'aune		20

DÉSIGNATION DES OBJETS.	DROITS.	
	$	c.
Casimir en laine et coton, croisé, au-dessous de 4/4, l'aune..		12
Casques dorés ou argentés, pour officiers, chaque.........	2	
— de troupes, la douzaine......................	3	
— ordinaires, de troupes, garnis, chaque............	1	
Casquettes en étoffe, avec galons ou tresses, riches, brodées ou non, pour hommes, la douzaine...	3	
— en étoffes, unies, ordin., ou en cuir, p. hom., la d.	1	50
— riches, pour enfants, la douzaine.............	2	
— ordinaires et communes, pour enfants, la douz.		50
Casseroles en cuivre, la livre....................		12
— en fer étamé ou potin, chaque....		12
Ceintures de gaze ou de mousseline, la douzaine...........	1	
Ceinturons d'officiers supérieurs, en galons d'or ou d'argent, ou brodés sur velours, chaque...............	4	
— en buffle pour sabres, la douzaine...........		75
— tressés en fil d'or ou d'argent, chaque..........	3	
— en maroquin, brodés, la douzaine............	4	
— en cuir estampillé, la douzaine..............	2	50
— — verni, la douzaine................	1	50
Cercles pour selles, en cuivre doré ou argenté, le pied.....		2
— — — pur, le pied...............		1
Chaînes pour arpenteurs, chaque......................		50
— en fer, autres que celles pour câbles, la livre......		2
— de sûreté en cuivre doré, pour montres, la douzaine.		50
— — en acier, pour montres, la douzaine.....		25
Chaînettes en cuivre, la douzaine....................		10
Chaises avec ou sans fauteuils, en bois peint ou verni, dorés ou non, à fond de bois, jonc ou paille fine, la douzaine.	4	
— et fauteuils en bois divers, garnis, couverts en crin, soie ou maroquin, la douzaine..................	8	
— et fauteuils percés, la douzaine..................	5	
— communes, à fond de paille ou de bois, la douzaine..	1	75
— petites, pour enfants, en marche-pieds fin, la douz..	2	50
— — des mêmes, communes, la douzaine.......	1	20
— et fauteuils d'enfants, fins, la douzaine............	2	50
— — — percés, fins, la douzaine......	1	25
— — — — communs, la douzaine.		75
Chamberri (fruits de), le baril		50
Champignons secs, la livre........................		12
Chandeliers d'argent, de toutes formes et grandeurs, la marc.	1	50
— à plusieurs branches, en cuivre doré ou arg., la p^{re}.	1	
— simples, en cuivre doré ou argenté, grands de 10 pouces et au-dessus, la paire.............		50
— des mêmes, au-dessous de 10 pouces, la paire.		25
— en cuivre pur, de toutes formes et dimensions, —		12
— en cristal, la paire......		50
— en verre, la paire.....................		30
— en fer-blanc, la douzaine...................	1	

DÉSIGNATION DES OBJETS.	DROITS.	
	$	c.
Chandeliers simples, en cuiv. doré ou arg., de 6 à 10 pcs., la p^re	25	
— — au-dessous de 10 pouces, la paire. . . .	12	
Chandelles de suif, la livre.	2	
Chapeaux retapés, avec bordure en or ou en argent, chaque . .	8	
— — en soie, garnis de plumes et de floches, pour officiers supérieurs, chaque.. . . .	4	
— avec bordure de soie, garnis de floches, pour officiers inférieurs, chaque.	2	
— à retaper, fins, la douzaine	9	
— — ordinaires, la douzaine	5	
— — en laine pour troupes, la douzaine. . . .	2	75
— ronds fins, de feutre ou de soie, p^r hom. ou fem., la d^ne.	5	
— — ordinaires, de feutre, de soie ou de coton, pour homme ou pour femme, la douzaine. . . .	3	
— — comm., en laine ou coton, p^r hom. ou fem., la d^ne	2	
— — pour cadets, fins, de feutre ou de soie, la douz.	4	
— — ordinaires, de soie ou de coton, la douzaine. .	2	
— — communs, de laine ou de coton, la douzaine .	1	50
— — en paille de Panama ou de Maracaïbo, la douz.	4*	
— — pour enfants, fins, non garnis, la douzaine . .	2	
— — — communs, la douzaine		75
— — — en paille ou en osier, la douz.		60
— — p^r femme, g^ii de plumes, fleurs ou dent., la d^me.	8	
— — pour enfants, des mêmes, la douzaine	3	
— — de paille fine d'Italie, pour hommes, la douz.	2	50
— — — — — pour enfants, la douz.	2	
Chapelets en bois, la grosse		20
— en coco, la douzaine.		6
— en verre, la douzaine		10
Chapiteaux pour alambics, sans chaudières, le quintal. . . .	3	
Charbon de terre en boucauts, le boucaut.	1	
— — en barils, le baril		20
Chariots démontés, 20 p. 0/0, *ad valorem.*		
Charnières en cuivre, la douzaine		25
— en fer, la douzaine		12
Charpentes démontées, 20 p. 0/0 *ad valorem.*		
Charrues (franches de droits).		
Chaudières en cuivre, pour manufactures, le quintal.	3	
— en fer ou potin, de toutes formes et dim., le quint.		75*
— à sucre, en fer ou en potin (franches de droits).		
Chaussons ou demi-bas de soie, la douzaine		50
— — en laine, la douzaine.		50
— — en fil ou coton, la douzaine.		25*
— — d'enfants, la douzaine		12*
Chabraques galonnées en or, chaque.	5	
— — en argent, chaque.	3	
— en drap fin et autres étoffes riches, chaque . . .	1	50
— — commun et autres étoffes, chaque. . . .	1	

DÉSIGNATION DES OBJETS.	DROITS.	
	$	c.
Chemises de femme, de batiste ou toile fine, brodées, chaque.	1	
— — — — unies, chaque		75
— d'homme, — garnies ou non, chaque. . . .		50
— en pièces d'estomac, en laine, chaque		25
— — — en coton, chaque.		12
— d'homme, de toile ordinaire, la douzaine.	4	
— — — commune, la douzaine.	2	50
— p. troupes, matelots, en laine, gr. toile ou gingas, la d.	1	
— de percale fine, ou de calicot fin, pour hommes, la douz.	3	
— — ou de calicot ordin. et com., p. hom., la d.	2	
— de femme, de percale, brodées ou unies, chaque. . .		50
— pour hommes, de calicot ou percale, ayant le devant en toile, la douzaine.	3	
— d'enfant, en batiste ou toile fine, brodées ou non, la d.	3	
— — en toile ordinaire, la douzaine.	2	
— — de calicot ordinaire ou commun, la douz.	1	
Chenilles en velours pour robes, l'aune		1
Cherry-cordial, la douzaine de bouteilles	1	
— — en litres, la douzaine	1	50
Chevaux (étalons), francs de droits.		
— (hongres ou coupés), francs de droits.		
Cheveux (touffes de), la douzaine		50
Chocolat, la livre		20
Choucroute, le baril.		50
Ciboires en cuivre argenté ou plaqué, chaque	1	
Cidre, en barriques, la barrique de 60 gallons.	2	
— en tierçons, le tierçon	1	
— en bouteilles, la douzaine.		25
Cierges, la livre.		5
Ciel ou trône maçonnique, 20 p. 0/0 *ad valorem.*		
Cigares, le cent.		25
Ciment, en boucauts, le boucaut	1	
— en barils, le baril		25
Cirage pour cuirs, souliers, etc., en bâtons ou en pots, la douz.		50
— — — liquide en pobans, les 12 pobans.		10
— — — en boules, la douzaine		10
— — — en petites cruches, la douzaine. .		20
Cire à cacheter de toutes couleurs, la livre.		20
— (ouvrages en cire), 20 p. 0/0 *ad valorem.*		
Ciseaux de maçons, menuisiers, etc., assortis, la douzaine.		20
— de tailleurs, grands de plus de 6 pouces, la douz.		20
— de couturières, de toutes grandeurs, fins, la douz.		50
— — — communs, la d.		20
— à découper le carton, chaque.		75
— — la tôle, le fer-blanc, etc., chaque	1	
Clarinettes à clefs d'argent, chaque.	2	75
— — de cuivre, chaque	1	
Clefs pour lits, en fer, la douzaine.		50

DÉSIGNATION DES OBJETS.	DROITS.	
	$	c.
Clefs de montre en cuivre, la douzaine		12
— — en pierres fausses, montées sur cuivre, la douz.	1	
Cloches en cuivre, le quintal	5	
— en fonte, le quintal	4	
Clochettes, la douzaine		50
Clous en fer, assortis, le quintal	1*	
— en cuivre, assortis, le quintal.	4	
— dorés ou argentés, le millier.		20
Cocardes assorties, en soie, chaque		10
— en cuir verni, le cent.		10
Cochons en vie (francs de droits).		
Coiffes de taffetas ciré, pour chapeaux, la douzaine		50
Cœurs de bœuf, en petits barils, le baril		40
Coffres-forts, chaque	8	
— petits ou coffrets, chaque.	4	
Colle de poisson, la livre		16
— forte, la livre		16*
Collets avec parements et écussons d'habits, brodés, pour gé-		
néraux ou grands fonctionnaires, chaque garniture.	2	
— des mêmes, brodés sur drap ou velours, pour officiers		
de santé ou administrateurs, chaque garniture. . .	1	
— (faux), pour chemises, la douzaine		50
Colette blanche, mi-blanche et brabant, jusqu'à 30 p^{ces}, l'aune.		3
— des mêmes, au-dessus de 30 p^{ces}. (V. l'art. 24 3e alinéa.)		
— grise, de 30 pouces et au-dessous, l'aune		2
— — au-dessus de 30 p^{ces}. (Voy. l'art. 24, 3e alinéa.)		
Colliers en corail, de 30 pouces		25
— divers, en verre, de 30 pouces		15
— en rocaille, terre cuite, pour broder les bourses, la liv.		15
Colonnes pour lits, en bois fin, sculptées ou cannelées, les 4 col.	4	
— p^r lits en acajou ou bois jaune, tourn^{ées}, unies, les 4 col.	3	
Cols de toutes qualités, la douzaine	1	
Combourg, de 30 pouces et au-dessous, l'aune.		3
Compas ou boussoles pour navires, chaque.		50
— en fer ou en cuivre pour charpentiers, la douzaine. .		40
— pour cordonniers, la douzaine		75
— en cristal, la paire		75
— en verre, la paire		37
Compotiers en verre ou en porcelaine, la paire		50
Confitures sèches ou liquides, la livre		20
Connaissements, le millier	2	
Conserves alimentaires, la boîte.		10
— — en 1/2 ou en 1/4 de boîte, chaque. .		4
Consoles dorées, chaque	4	
— en acajou, chaque. . . . . , . .	3	
— en fer pour lits, 20 p. 0/0 *ad valorem.*		
Corbeilles en osier, façonnées. (Voyez paniers.)		
Cordages assortis, le quintal.	1	50

DÉSIGNATION DES OBJETS.	DROITS.	
	$	c.
Cordes de harpe, assorties, l'assortiment.		30
— de violon, violoncelle et guitare, assorties par rouleaux ou autrement, les 12 cordes		5
Cordonnets pour shakos, en or ou en argent fin, chaque	2	
— — — — faux, chaque	1	
— en soie pour robes, les 100 aunes		25
— en coton pour robes, la livre.		10
— en soie pour shakos, la douzaine.	1	75
— en fil blanc ou coton, pour shakos, la douzaine..		75
— — laine — — les 12 aunes		3
Cordons en soie pour montres, la douzaine.		25
Cornes pour chausser, en corne, la douzaine.		30
— — en cuivre, la douzaine	1	
Cornets à jouer, en corne, cuir ou bois, chaque		50
— à piston, chaque.	1	
Cornichons en ancres, l'ancre.		40
— en pobans, les 12 pobans		30
Cors de chasse (instruments), chaque	2	
— pour habits. (Voyez garnitures.)		
Corsets pour femmes, la douzaine..	2	
Cosmorama, 20 p. 0/0 *ad valorem*.		
Coton gris ou blanc, dit madapolam, au-dsous de 30 p^ces, l'aune		2
— — — à partir de 30 à 35 pouces, l'aune.		3
— — — au-dessus de 35 jusqu'à 45 pouces, l'aune.		4
— — — — 45 à 60 pouces, l'aune.		5
— — — — 60 à 66 — —		6
— — — — 66 à 80 — —		7
— — — dit toile de cot. fine, de 30 p. et au-dsous, d°		6
— — — dit toile de cot. ord., de 30 p. et au-dsous, d°		4
Couleurs (boîte de), à dessiner, la boîte simple		50
— — — — double.	1	
Couleuvres en cuivre, sans alambics, le quintal	3	
— en étain, — —	2	
Couplets en fer, à équerre, de 2 à 6 pouces, les 12 paires		40
— — — de 7 à 12 — —		75
— — — de 13 p^ces et au-dsus, les 12 paires.	1	
— en cuivre à équerre, les 12 paires		50
Couronnes brodées en or, 20 p. 0/0 *ad valorem*.		
Coussinets pour porte-manteaux, la douzaine	2	
Coussins en peau, chaque		25
Couteaux de chasse, chaque	2	
— ordinaires pour table, sans fourchettes, la douzaine.		50
— — — avec — —	1	
— à indigo, la douzaine		50
— de table, fins, avec fourchettes, la douzaine.	1	25
— — — sans — —		75
— communs pour table, avec fourchettes, la douzaine.		40
— — — sans — —		20

DÉSIGNATION DES OBJETS.	DROITS.	
	$	c.
Couteaux d'ivoire ou d'os, pour papier, la douzaine.......		25
— grands, pour ceinture, dits flamands, prohibés.		
— à tonnelier, la douzaine		75
— de pelletier, la douzaine	1	
Coutil de fil ou de fil et coton, large de 4/4, l'aune		8*
— des mêmes au-dessus de 4/4. (V. l'art. 24, 3ᵉ alinéa.)		
— de coton pur, large de 4/4, l'aune		7*
— — au-dessus de 4/4. (Voy. l'art. 24, 3ᵉ alinéa.)		
— de fil ou de fil et coton, au-dessous de 4/4, l'aune. ..		5*
— de coton pur, au-dessous de 4/4, l'aune		4*
Couvertures de coton mêlé de soie, avec franges ou non, chaq.	1	
— en bourre de coton, très-commun, chaque ...		25
— en coton, piquées et ouvrées, fines, chaque. ...		75
— — — — ordinaires, chaque .		50
— de laine, chaque		25
— de fil, d'indiennes, fines, chaque		30
— — — communes et étroites, la douz.		40
— pour fontes, en peau de tigre et d'ours, sans gal., ch.		50
— de fil de laiton ou de composition pour plats, la douz.		50
Cravaches en baleine, la douzaine	2	
— en bois, la douzaine.	1	
Cravates de soie, au-dessus de 3/4, la douzaine	1	50
— — de 3/4 et au-dessous, la douzaine	1	
— de coton et mousseline, brodées, la douzaine.		80
— de batiste ou percale, brod., en demi-mouch., la douz.	2	
— des mêmes brodées aux 2 coins, en mouch. entiers, —	4	
Crayons de mine de plomb, pour bureaux par paquets de 12 crayons, les 12 paquets		40
— des mêmes, par paquet de 6 crayons, les 12 paquets.		20
— à dessiner, la grosse.		25
— d'ardoise, le millier		50
Crêpe large, l'aune.		6
— étroit, pour deuil, l'aune		4
Creusets, le jeu.		25
Crics, chaque.		75
Crin, la livre		1
Cristaux, autres que ceux dénommés, 20 p. 0/0 *ad valorem*.		
Crochets en cuivre, au-dessous de 6 pouces, la douzaine ...		25
— — de 6 pouces à 12 pouces, la douzaine. ..		75
— en fer, au-dessous de 6 pouces, la douzaine		10
— — de 6 pouces de 12 pouces, la douzaine, ...		40
— en cuivre, de 13 pouces et au-dessus, la douzaine..	1	50
— en fer, de 13 pouces et au-dessus, la douzaine. ...		50
— pour bottes, la paire.		3
Croix ou crucifix en cuivre, petits, le cent		25
— — — grands, le cent.		50
Croudes blanches, assorties, de 30 pouces et au-dessous, l'aune		3
— grises, assorties, de 30 pouces et au-dessous, l'aune ..		2

DÉSIGNATION DES OBJETS.	DROITS.	
	$	c.
Croupières, la douzaine	2	
Cruches, la douzaine.	1	
Cuillers en argent avec fourchettes. (Voyez argenterie fine.)		
— plaquées, — la douzaine.	2	
— — sans fourchettes, —	1	
— — à potage, chaque		30
— soufflées, communes, avec fourchettes, la douzaine.	1	
— — — sans — —		50
— — — à potage, chaque.		20
— de métal, dites de composition, non argentées, avec		
fourchettes, la douzaine		30
— de métal, dites de composition, sans fourchettes, la d.		15
— — — à potage, chaque. . .		6
— à café, en étain, la douzaine		4
— de fer battu ou d'étain, avec fourchettes, la douzaine.		16
— — — sans — —		8
— — — à potage, chaque		4
— et écumoires en cuivre, pour sucreries, la livre. . .		4
— à café, plaquées, la douzaine.		50
— — soufflées, —		30
Cuirs surjetés pour chapeliers, la douzaine.		50
— pour chapeaux, la douzaine.		50
— à rasoirs, la douzaine.		50
— tannés, la douzaine de côtés	2	
— d'éperons, la douzaine de côtés.		15
Cuisines en fer, pour navires, le quintal		75
Cuisses d'oie, le pot		60
Cuivre, le quintal	1	
Culottes, la douzaine	4	
Cylindres en verre, pour pendules et à fleurs, chaque		50
— en fer, pour rôles de moulin, le quintal		50
— petits, pour saints, la douzaine.		50

D

	$	c.
Dames-jeannes vides, petites, d'un à 3 gallons, chaque . . .		4
— — au-dessus de 3 — — . . .		6
— pleines de légumes, chaque		25
Damiers plaqués, en ivoire ou en ébène, chaque	2	
— — en bois ordinaire, chaque. , ...		25
— — ordin., petits, d'un p^d carré et au-dssus, chac.		10
Décorations maçonniques complètes, 20 p. 0/0 *ad valorem.*		
Dentelle de fil ou de soie, en étoffes, pour robes, l'aune . . .		25
— de coton, autre que celle en étoffe, l'aune		16
— entre-deux et en ruban de fil ou de soie, large de		
plus de 4 pouces, l'aune		8
— entre-deux et en rubans de fil ou de soie, large de		
plus de 3 pouces jusqu'a 4 pouces, l'aune		5
— entre-deux et en rub' de fil ou de soie, de 1 à 3 p., l'aune		3

DÉSIGNATION DES OBJETS.	DROITS.	
	$	c.
Dentelle entre-deux en ruban de fil ou de soie, au-dessous d'un pouce, l'aune.		2
— entre-deux en rubans de coton, large de 3 à 4 p^{ces}, l'aune		3
— ou entre-deux en rubans de cot., — plus de 4 p^{ces}, d°		5
— — — — — de 1 à 3 p^{ces}, d°		2
— — — — au-dsous d'un p^{ce}, d°		1
— en or ou argent fin, en galons assortis, l'aune . . .		40
— — — faux, — — . . .		8
Dés à coudre, en os, cuivre pur, en fer, la grosse.		15
— à jouer, la douzaine		50
— ou verges, pour voiliers et tailleurs, la douzaine		6
Désirés pour robes, de 30 pouces et au-dessous, l'aune. . . .		5
Devants pour chemises, en toile fine et batiste, façonnés et brodés, la douzaine.	1	50
— pour chemises, en toile ordin., et calicot, la douz.		75
Digdales vides, chaque.		2
Dindons en vie (francs de droits).		
Dolimans assortis, galonnés en or ou en argent, chaque. . .	10	
Dominos (jeux de), chaque.		10
Dragées de toutes espèces, la livre.		8
Dragonnes en or ou en argent pour officiers supérieurs, chaq.		50
— des mêmes en or ou en argent faux, chaque . . .		40
— en or ou argent fin, pour officiers inférieurs, ch·		40
— — — faux, — — —		20
— en soie, la douzaine.		80
— en laine, fil ou coton, la douzaine		18
Drap fin, ordinaire, de 4/4 et plus, l'aune.		60
— commun, large de plus de 4/4, l'aune.		30
— — — de 4/4 et au-dessous, l'aune.		18
— de soie. (Voyez soieries.)		
— de serge ou laine et soie, et étoff. en couleur p. gilets, l'aune.		16
— de coton pur, l'aune.		10
Drille fin et duck, de fil ou de fil et cot., de 30 p^{ces} et au-dsous, d°		8*
— ordinaire, de fil et coton, de 30 p^{ces} et au-dessous, l'aune.		7*
— commun, — — — —		5*
— en coton pur, fin, de 30 pouces et au-dessous, —		5*
— — — ordinaire, de 30 p^{ces} et au-dessous, —		4*
— bleu de coton pur, dit denims, de 22 p^{ces} et au-dsous, —		2
— — — — de 22 à 30 pouces, —		3*
Drogues assorties et articles de pharm., 20 p. 0/0 *ad valorem*.		

E

Eau de Cologne, les 12 fioles.		12
— — en pobans carrés, grands, la douzaine. . . .		25
— — en demi-bouteilles, la douzaine.		40
— de lavande, — chacune		4
— — au jasmin et autres odeurs. (V. eau de senteur)		
— de senteur, en bouteilles, chacune		20

DÉSIGNATION DES OBJETS.	DROITS.	
	$	c.
Eau de senteur, en fioles ou topettes, la douzaine		50
— de Seltz et autres eaux minérales, en cruches ou en bouteilles, la douzaine.		30
Eau-de-vie en pipes et en futailles de 60 gallons au moins, le gall.		50
— — en caisses, la caisse de 12 bouteilles	1	
— — — — de 12 litres.	1	50
— — en potiches ou cruches d'une pinte et demie, la douz.	1	50
— — d'Andaye, en caisses de 12 bouteilles, la caisse . .	1	
— — préparée pour la confection des chapeaux, le gallon.		4
Échalotes, la macorne		5
Écharpes pour aides de camp. à gros grains, chaque.	1	
— — — à petits grains, —		75
— en soie et en dentelle, pour femmes, chaque		50
Écorces pilées, à tanner le cuir, le baril.		25
Écritoires en métal ou en porcelaine, chaque.		6
— communes, la douzaine		40
Effilés ou petites franges, l'aune.		2
Egohines assorties, la douzaine.	2	
Embouchoirs de bottes, la paire.		50
Embouts de fontes, dorés ou argentés, la paire.		6
— — ordinaires et communs, la paire		3
Empeignes pour souliers, la douzaine de paires	1	
Encens, la livre		2
Enclumes, le quintal		50
Encre en poudre et en petites cruches, la douzaine		20
— en bouteilles et en grandes cruches, la douzaine . .		75
— en demi-bouteilles et en demi-cruches, la douzaine . .		37
— rouge, en petits pobans, la douzaine		12
— à marquer le linge, l'étui.		12
Enfants Jésus avec cylindre. (Voyez statuettes.)		
Entonnoirs en cuivre, chaque		15
— en fer-blanc, —		6
Entrées de serrure en cuivre, pour armoires, la paire.		4
— — en fer, — —		2
— — en os ou en nacre, pour armoires, la paire.		6
Enveloppes de lettres, le cent		12
Épaulettes en or fin, pour officiers supérieurs, la paire . . .	2	
— en argent fin, pour officiers supérieurs, la paire. .	1	50
— en or ou argent faux, pour officiers supérieurs, la p^{re}	1	50
— en or fin, pour officiers inférieurs, la paire. .	1	50
— en argent fin, — — — . .	1	25
— en or ou argent faux, pour officiers inférieurs, la p^{re}	1	
— en soie, la douzaine	1	25
— en fil, laine ou coton, la douzaine		75
Épées montées en argent fin, avec fourreaux en cuivre arg., ch.	2	
— montées en arg., avec fourreaux en cuir et embouts arg., ch.	1	50
— montées en cuivre doré ou argenté, avec fourreaux en cuivre doré, chaque.		75

4

DÉSIGNATION DES OBJETS.	DROITS.	
	$	c.
Épées montées en cuivre doré ou argenté, avec fourreaux en cuir et embouts en cuivre doré ou argenté, chaque. .		75
Éperons en cuivre doré ou argenté, la douzaine de paires . .	2	
— en fer ou cuivre soufflé ou plaqué, la douzaine de p^res		50
— — — poli, la douzaine de paires.		50
— — — brut, — —		50
Épingles diverses, de toilette, le paquet de 12 feuilles		12
— des mêmes, en grenier, la livre		16
Éponges fines, la livre.		35
— communes, pour chevaux, la livre		6
Éprouvettes ou aéromètres, chaque		15
Équerres en fer, chaque		6
— en bois, —		6
Espagnolettes en fer, grandes, pour portes, la douzaine . . .		75
— — petites, pour fenêtres, — . .		37
Esprit-de-vin, le gallon		50
Essence de térébenthine, le gallon		12
— de semen-contra, en fioles, la douzaine.		75
— éthérée, le flacon		6
— de girofle, vanille et autres de cette espèce, la bouteille		60
— d'odeurs, de petites fioles de cristal, chaque.		10
— de savon, en petites fioles, la douzaine		50
Essences de cèdre, cyprès ou pitchpin, le millier		75
— de sap, le millier.		40
Essieux en fer pour cabrouets (francs de droits).		
Estampes, autres que celles prohibées, 20 p. 0/0 *ad valorem*.		
Estoupilles de toutes qualités, l'aune.		6
Étain en saumon, le quintal	3	
Étamine large, l'aune		4
— étroite, —		2
Étaux, grands, le quintal		50
— petits, à main, pour orfévres, la douzaine	1	
Étiquettes diverses, le cent		10
Étoffes p. pantalons, tissus de laine, fil ou coton, de 4/4, l'aune.		12
— pour pantalons, des mêmes, au-dessous de 4/4, l'aune .		8
— — fil et coton ou coton pur, unies, à barres ou à raies, de 4/4, l'aune		6
— — les mêmes au-dessous de 4/4, l'aune. .		5
— — de 26 pouces et au-dessous, — . .		4
— en crin pour sophas, l'aune.		25
Étoupe, le quintal.	1	
Étriers fins, la paire.		30
— ordinaires, la paire.		20
— communs, la douzaine de paires		75
Étrilles, la douzaine.		23
Étrivières, la douzaine.	1	
Étuis d'instruments de mathématiques, chaque		50
— de toutes qualités, pour cigares, la douzaine		25

DÉSIGNATION DES OBJETS.	DROITS.	
	$	c.
Étuis de couturières, en nacre ou en ivoire, la douzaine. . . .		30
— en bois ou en os, la douzaine.		8
— en papier, le cent		25
— en carton, avec fioles vides, pour contenir l'encre à marquer le linge, la douzaine d'étuis		25
Éventails fins, en étoffes de soie, pailletés, ou en ivoire détaillé montés en ivoire, la douzaine	2	
— ordinaires, en étoffe commune ou en papier pailleté et montés en bois fin, la douzaine		75
— communs, en papier peint, non pailleté, montés en bois commun ou en os, la douzaine		12

F

DÉSIGNATION DES OBJETS.	DROITS.	
Faïence par paniers d'un à 3 p^ds de long, sur 1 à 3 p^ds de large, ch.	2	
— — de 3 à 5 p^ds — — — — —	4	
— par paniers au-dessus des dimensions ci-dessus. (Voyez l'art. 24, 3e alinéa de la loi.)		
— en boucauts ou en tierçons, chaque.	5	
Fanaux, grands, en cuivre verni ou argenté, chaque.		25
— petits, — — — — —		12
Farine de maïs, le baril	1	
— de froment, —	1	50*
— de seigle, —	1	50
Fauteuils seuls, fins, à fond de paille ou de bois, dorés, chaque .	1	
— — — en crin ou maroquin, doré ou non, chac.	1	
— — de bois, ordin., à gd. dossier, dorés ou non, ch.		75
— — simples, communs, chaque.		50
Fer-blanc double, en feuilles, les cent feuilles	2	
— simple, — —	1	
Fer en barre, le quintal.		60
— en saumons et en lames, le quintal.		50
Fers à repasser, la douzaine de paires	1	
— à varlopes et à rabots, la douzaine		25
— à ferrer les chevaux, les quatre fers.		8
— ou carreaux, pour chapeliers ou tailleurs, la douz. de paires	1	25
— à brisures, la douzaine.	1	25
Festons brodés, en mousseline, etc., l'aune		3
Feuillards en fer, le quintal		75
— en bois, le millier.	1	50
Feuilles en bois pour la confection des boîtes à chapeaux, la douzaine de paquets	2	
Fèves en barils, le baril.		40
Ficelle, la livre		3
Fiches en cuivre pour armoires, la douzaine		80
— en fer — —		40
Fichus, collerettes, pèlerines de dentelle, etc., etc., la douzaine	4	
Fifres garnis en argent, chaque		34
— ordinaires, la douzaine		60

DÉSIGNATION DES OBJETS.	DROITS.	
	$	c.
Figues en petits barils, caisses ou paniers, chaque		25
Fil d'épreuve (gingas de) de 30 pouces et au-dessous, l'aune. .		2
— blanc et en couleur, de Rennes, assorti, la livre		12
— de coton — par têtes, — —		10
— de coton blanc, à broder, en pelotes ou bobines, le carton de 12 pelotes ou bobines.		2
— de coton blanc et en couleur, en pelotes ou bobines, dites papillotes, la livre.		6*
— à voile, à folle et à cordonnier, la livre		3
— de laiton ou de fer, la livre.		8
Filets pour brides, chaque.		10
Filières assortis, chaque.		20
Fioles vides, grandes, le cent.		50
— — petites, —		40
— — couvertes en cuir, la douzaine		50
Flageolets, chaque.		25
Flammes pour saigner les chevaux, à plusieurs lames, chaque.		12
— — — simples, la douzaine . . .		30
Flacelle, de 30 pouces et au-dessous, l'aune		6
Fleurets montés ou non, la douzaine		75
Fleurs artificielles en bouquets, avec pots, de porcelaine et cylindre, chaque pot garni	2	
— des mêmes, avec pots de porcelaine sans cylindre, le pot.	1	
— — en cartons de 10 bouquets, le carton . . .	3	
— — par bouquets, chaque bouquet		30
— — pailletés en guirlandes, p. têtes, chaq. guirl.		60
Floches pour officiers inférieurs, la paire		30
— — supérieurs, —		60
Flûtes de 6 à 8 clefs, chaque flûte	1	50
— ordinaires, la douzaine	3	
Foin, la balle.		30
Fonds et bandes pour chapeaux. (Voyez bandes pour chapeaux.)		
— de lits, en bois, 20 p. 0/0 *ad valorem*.		
Fontaines en fer-blanc et en faïence, chaque.		30
Fontes fines, avec couverture en peau d'ours ou de tigre, galons en or ou en arg., embouts plaqués ou soufflés, la paire.	3	50
— fines, sans couvertures, avec embouts plaqués, la paire.	1	50
— communes et ordinaires, sans embouts, avec couvertures en cuir, la paire.	1	25
Formes de chapeaux en bois, la douzaine	2	
— de souliers, assorties, la douzaine de paires	3	
— à sucre et canaris, chaque.		4
Forte-pianos à queue, chaque	10	
— carrés, —	8	
Fouets de cabriolet, la douzaine.	4	
— de cheval, fins, la douzaine	2	50
— — communs, la douzaine.	1	50
Foulards de soie, la douzaine	2	

DÉSIGNATION DES OBJETS.	DROITS.	
	$	c.
Foulards de coton, la douzaine.		50*
Fourchettes de métal. (Voy. cuillers, fourchettes et couteaux.)		
Fourneaux en fer et en cuivre, chaque.	1	
Franges de soie, l'aune.		6
— de fausse-dentelle, l'aune		3
— de coton, l'aune.		2
— en or ou en argent faux, l'aune		10
— — — fin, — . .		20
Fromages de toutes qualités, la livre		2
Fruits secs de toutes qualités, —		2
— à l'eau-de-vie, les 12 pobans.		50
— confits au vinaigre, les 12 pobans		30
— factices, en marbre, la douzaine.		15
— à l'eau-de-vie, en bocaux, chaque bocal		50
Fusées et pétards, la grosse		30
Fusils de munition, avec ou sans baïonnettes (francs de droits).		
— de chasse, fins, garnis ou non en argent, à deux coups, avec ou sans boîte, chaque.	6	
— des mêmes, à un coup, avec ou sans boîte, chaque. . .	3	50
— — ordinaires, à deux coups, — . . .	1	50
— — — à un coup, — . . .	1	
— à aiguiser les couteaux, la douzaine.		40
— revolver, chaque.	6	
Futailles, chaque.		25
Flambeaux. (V. chandeliers et verrines à embouts pʳ chandelles.)		

G

DÉSIGNATION DES OBJETS.	DROITS.	
Galettes de feutre pour chapeaux, le cent.	1	50
Gallons en cuivre, pour mesures, chaque		40
— en fer-blanc, — — . .		16
Galons d'or fin, de plus de 18 lignes, l'aune.	1	50
— — de 12 à 18 — —		80
— — au-dessous de 12 lignes, l'aune.		40
— d'argent fin, de plus de 18 lignes, l'aune.		75
— — de 12 à 18 — —		40
— — au-dessous de 12 lignes, l'aune		18
— d'or et d'argent faux, de plus de 18 lignes, l'aune. . .	1	
— — — de 12 à 18 — — . .		50
— — — au-dessous de 12 lignes, l'aune .		30
— de soie, larges, l'aune		10
— — étroits, —		6
— de laine, larges, —		5
— — étroits, —		
Ganses en torsades et en galons plats, d'or fin, chaque . .		30
— — — — d'argent fin, — . .		20
— — — — faux, chaque		25
Gants de peau, à la Crispin, pour hommes, la douzaine. . .	1	50
— — ordinaires, pour hommes et femmes, la douz.	1	

DÉSIGNATION DES OBJETS.	DROITS.	
	$	c.
Gants de peau fine, pour femmes, grands, pour bras, la douz.	1	75
— de soie pour hommes et femmes, la douzaine.		50
— de laine, fil ou coton, la douzaine		40
— pour femmes, garnis, —	1	25
Garnitures de cercueils, chaque	6	
— de robes, en tulle ou dentelle, avec bouquets ou perles, fleurs, etc., chaque.	3	
— de robes de mousseline ou de gaze, brodées, l'aune .		8
— — — — dites entre-deux, d°		5
— de foudres, grenades, cors de chasse, en or ou argent fin, la garniture , ...		40
— des mêmes en or ou en argent faux, la garniture .		40
— de brides, chaque		50
— de chemises pour femmes, 20 p. 0/0 *ad valorem.*		
— pour lits, en soie, avec brandebourgs, chaque. .	4	
— — en étoffes de toutes qualités, — . .	2	
Gaze de soie et fil, avec or ou argent, pour robes, l'aune. . . .		20
— — unie, pour robes, l'aune.		10
— de coton, de 30 pouces et au-dessous, l'aune		6
Gazogène, ou appareil d'eau gazeuse, chaque.	1	
Genièvre en futailles de 60 gallons ou moins, le gallon. . . .		25
— en caisse de 12 flacons, la caisse.		75
— en potiches et cruches d'une pinte et demie, la douzaine de potiches ou cruches.		75
— en potiches et cruches d'une pinte, la douzaine . . .		50
Gibernes d'officiers avec baudriers en galon d'or ou d'argent, ch.	1	50
— avec baudriers de maroquin brodé, chaque		75
— — — estampillé ou uni, chac.		40
— — de cuir uni ou verni, chaque		20
— de troupes, avec baudriers en buffle, la douzaine . .	2	
Gigots pour manches de robes, détachés des coupons de robes, la douzaine de gigots.	1	50
Gilets de drap fin, à manches, chaque.	2	
— d'étoffes légères, la douzaine	3	
— de dessous, en casimir, drap de soie ou autres étoffes brochées, la douzaine	6	
— de dessous en étoffes légères, la douzaine.	3	
— — galonnés en or ou argent, chaque	2	
Gingas de toutes qualités et imitation Cambrai, de 30 pouces de largeur et au-dessous, l'aune		2*
— des mêmes, de plus de 30 pouces à 36 pouces, l'aune .		3*
— — — de 36 — à 42 — — .		4*
— — de 42 pouces et au-dessus, l'aune		5*
Girofle, la livre.		9
Glaces avec dorure ou non, encadrées ou non encadrées, de toutes dimensions (autres que miroirs), par chaq. pouce carré.		1
Glands en or ou argent, pour bottes ou chapeaux, en frange, la p^r		30
— des mêmes, pour officiers supérieurs, la paire		60

DÉSIGNATION DES OBJETS.	DROITS.	
	$	c.
Globes ou sphères géographiques, chaque		50
— pour salles, garnis avec chaînes, chaque	2	
— — sans garnitures, chaque	1	
Gobelets. (Voyez verrerie.)		
Gomme laque, arabique, etc., 20 p. 0/0 *ad valorem.*		
Gonds et pentures en cuivre, la livre . . . , ...		8
— — assortis, en fer, les 12 paires	1	
Goudron, le baril		75
Gouges assorties, pour charpentiers, la douzaine		30
Gourmettes pour brides, la douzaine		18
Graines de jardinage (franches de droits).		
— de lin, les cent livres	1	
— de genièvre, la livre		3
— de santé, en boîtes, la boîte		8
— pour serins, les 100 livres	1	
Graphomètres à lunettes ou longues-vues, chaque	1	
— à alidades simples, chaque		75
Grattoirs pour bureaux et comptoirs, la douzaine		50
Gratte-brosse, chaque		2
Gravures petites et communes, sans cadres, autres que celles		
prohibées, la douzaine		12
Grelots en cuivre doré ou argenté, la grosse		40
— — pur, la grosse		30
Grenades (projectiles), franches de droits.		
— foudres et cors de chasse pour garnitures d'habits.		
(Voyez garnitures.)		
Grenats, fins, faux, de toutes qualités, par masse de 12 rangs,		
la masse	1*	
Grilles en fer, pour barrières ou balcons, le quintal	2	
— pour cuisine, la douzaine	1	
Grosfort de 30 pouces et au-dessous, l'aune		3
Guêtres blanches ou en couleur, la douzaine		50
— en drap, la douzaine	1	
Gueuses en fer, le quintal		50
Guignolet et ratafia, les 12 bouteilles	1	
— — les 12 demi-bouteilles		50
— — en litres, la douzaine	1	50
Guimauve (fleurs de), la livre		5
Guinée bleue, de 30 pouces et au-dessous, l'aune		3
— rouge, de 30 — — —		5
Guingas de 20 à 25 — — —		2
— de 25 à 30 — — —		3
— de 30 à 35 — — —		4
— de 35 à 40 — — —		5
— des Indes, réels, clairs, communs, de 30 pouces et		
au-dessous, l'aune		3
Guitares, chaque	1	

DÉSIGNATION DES OBJETS.	DROITS.	
	$	c.

H

Habits de drap fin, unis, faits, chaque.	3	
— — ordinaire, chaque.	2	50
— — divers, pour enfants, chaque	2	
— brodés en or fin, chaque.	5	
— de drap fin, brodés en argent fin, chaque	3	
— — divers, coupés et non cousus, chaque.	2	50
Habillements confectionnés, pour enfants, chaque	1	
Haches de sapeurs, avec ou sans fourreaux, chaque		25
— de charpentiers, de toutes qualités, la douzaine. . .	1	
Hachottes pour couvreurs, la douzaine.		75
Hamacs de soie, chaque	3	
— de coton, damassés et tricotés, chaque	1	
— unis, chaque		50
Hameçons assortis, le millier.		50
Harengs en gros sel et en saumure, le baril		50
— saurs en 1/4, 1/8 ou en caisses, chaque		6
Harmonicas (instruments de musique), chaque.		25
Harnais pour voitures et cabrouets, 20 p. 0/0 *ad valorem.*		
Harpes, chaque.	10	
Hausse-col, chaque		25
Herses, objets pour culture (franches de droits).		
Horloges de sable, la douzaine. . . . . , ...		75
— en bois, pour antichambres ou cuisines, avec chaînes et poids, chaque.		60
— pour maisons, églises, etc., 20 p. 0/0 *ad valorem.*		
Houes, la douzaine		25
Housse et houssure galonnés en or, chaque.	5	
— — — en argent, chaque.	3	
— — en soie et fil, brodés ou non en couleur, ch.	1	50
— — en coton, unis et non brodés, — —		30
Huile d'olive, en futailles, le gallon		20
— — en touques de 3 à 4 gallons, la touque.		75
— — en demi-touques, la demi-touque.		37
— — en paniers de 12 bouteilles, le panier.		50
— — en litre, les 12 litres.		75
— — en caisses de 30 fioles, la caisse		60
— — en caves de 12 pobans, la cave.		20
— à brûler, le gallon		5
— de lin et de térébenthine, le gallon		12
— — — en touque de 3 à 4 gallons, chaque.		40
— d'amandes, la bouteille.		12
— — la livre.		10
— de palma-christi, clarifiée, la bouteille		16
— — — le gallon.		64
Huîtres marinées, en petits barils ou en pots, le baril ou le pot.		18

DÉSIGNATION DES OBJETS.	DROITS.	
	$	c.
I		
Images assorties, autres que celles prohibées, le cent		50
— encadrées, petites, autres que celles prohibées, le cent. .	1	
— sous verre ou cylindre, autres que celles prohibées, la d.		50
Impériales en cuivre, 20 p. 0/0 *ad valorem.*		
Iucarnat (coton), la livre.		20
Indiennes rouges, bleues et autres, à partir de 26 pouces jusqu'à 30 pouces, l'aune.		4
— étroites de 26 pouces et au-dessous, l'aune		3
— au-dessus de 30 pces. (Voy. l'art. 24, 3e alinéa de la loi.)		
Indigo, la livre		15*
Instruments de chirurgie, 20 p. 0/0 *ad valorem.*		
— de musique militaire, le corps complet.	20	
Ivoire (objets en ivoire non prévus), 20 p. 0/0 *ad valorem.*		
— brut ou morfil, la livre.		6
J		
Jabotières de dentelle, de fil ou de soie, de batiste, brodées, etc., la douzaine.	3	
Jaconas, de 30 pouces et au-dessous, l'aune		6
Jambettes à plusieurs lames, fines, la douzaine.		50
— à une seule lame, — —		16
— communes, à une seule lame, la douzaine		8
Jambons, la livre		2
Jarres assorties, chaque		50
Jarretières en peau ou étoffes diverses, la douzaine de paires . .		50
Jetons, 20 p. 0/0 *ad valorem.*		
Jeux de quille, chaque. . . . ·	1	
Joujoux d'enfants, 20 p. 0/0 *ad valorem.*		
Jugulaires pour casques ou shakos d'officiers, détachées, la paire.		8
— — — de troupes, la douz. de paires		30
Juments (franches de droits).		
Jupons en cottes, faits, unis, chaque	1	
— — — brodés, chaque	2	
— en coupons, unis, chaque.		50
— — brodés, —	1	
K		
Kirsch-wasser, en bouteilles, la douzaine.	1	
— en litres, —	1	50
L		
Lacets en soie, la douzaine.		8
— en fil ou coton, la douzaine.		6
Laine brute, la livre.		4
Langues fourrées, la douzaine		50
— de morue, en petits barils ou en pots, chaque. . .		12
— en saumure, le baril		75

DÉSIGNATION DES OBJETS.	DROITS.	
	$	c.
Lanternes en fer-blanc, grandes, chaque		18
— — petites, —		8
Lard en planches, la livre		2
Lattes de bois, le millier.		75
Licols en cuir, pour chevaux, chaque		25
Liége en planches, le millier	3	
Lignes de pêche à pavillons, la livre.		4
Limes assorties, la douzaine		30
Linon fin, uni ou brodé, de 30 pouces et au-dessous, l'aune		15
— ord. — — de 30 — — —		10
— commun, uni ou brodé, de 30 pouces et au-dessous, —		6
— de coton ou gazé, — — —		6
Liqueurs d'absinthe, la caisse de 12 bouteilles.	1	
— — — de 12 litres	1	50
— douces, de toutes qualités, les 12 bouteilles.	1	25
— — — les 12 litres	1	50
— des mêmes, en paniers de 2 pomponelles, le panier		40
Lits à colonnes, de bois d'acajou, unis, chaque.	6	
— des mêmes, sculptés ou cannelés, avec corniches, chaque.	8	
— de chêne, unis, chaque.	4	
— de sap, chaque.	3	
— en fer, —	3	
Livres reliés dorés ou non dorés sur tranches, avec ou sans gravures, chaque volume in-folio		20
— — in-4°		15
— — in-8°		8
— — in-12°.		5
— — in-16°.		3
— — in-18°.		1
—· cartonnés ou brochés, moitié prix selon les formats.		
— classiques, c'est-à-dire les grammaires et dictionnaires de langues mortes et vivantes, les auteurs grecs et latins, les livres d'arithmétique, de géométrie, d'algèbre et de géographie élément., quand ils sont cart. ou br. (fr. de dr.).		
Livrets ou carnets de poche, simples, la douzaine.		30
— — fins, en cahiers, —		40
— d'or (petits carnets ayant des feuilles dorés), la douzaine		40
Longues-vues, grandes de deux pieds, dans tout leur développement, la douzaine.	2	
— au-dessous de 2 pieds dans tous leur développement, la douzaine.	1	25
Loquets en fer, avec poignées de cuivre, la douzaine		75
— — — de fer, —		25
Lorgnettes ou lorgnons, richement montés, chaque	1	
— en cuivre doré ou argenté, ivoire, écaille, chaque.		40
— en bois ou carton, chaque.		15
Lotos (jeux de), chaque		25

DÉSIGNATION DES OBJETS.	DROITS.	
	$	c.
Louchets en fer, la douzaine.		40
Loupes en verre pour les yeux, chaque.		25
Lunettes à branches, montées en or, chaque.	1	
— — — en argent, chaque.		60
— — d'écaille, montées en or, chaque. . . .		50
— — mont. en cuivre doré ou argenté, douz.	1	50
— — — en fer, la douzaine.		50
— sans branches — en or, chaque.		30
— — — en argent, chaque.		20
— — — en écaille, la douzaine.		90
— — — en cuiv. doré ou argenté, la douz.		75
— — — en fer, la douzaine.		30
Lustres à cercles ou à cristaux, 20 0/0 *ad valorem*.		
Lampes Carcel, de toutes qualités, chaque	2	
— petites en cuivre, chaque.		25

M

DÉSIGNATION DES OBJETS.	DROITS.	
Macamby, le baril.		50
Machines pour préparer, peler et vanner le coton, et autres propres à économiser la main-d'œuvre ou à améliorer la préparation des produits du sol (franches de droits).		
— à dresser les bouchons, 20 0/0 *ad valorem*.		
— en verre, pour faire du feu, — —		
Madras réels, en pièces, pour robes, 30 p^ces et au-dessous, l'aune		8
— faux, — — — — —		4
Maïs en grains, le baril.	1	
Malaguettes, la livre.		4
Malles vides, grandes et petites, en jeu, chaque malle. . . .		75
— contenant des marchandises importées, chaque malle.		25
Manches d'alènes, la grosse.		50
Manchettes à manche de corne ou de bois, la douzaine. . . .		30
— longues à garde ou sans garde, avec fourreaux en en cuir, la douzaine.	1	
— ou manches pour femmes en étoffes diverses ou en soie, la douzaine.	1	
Mandolines, chaque.	1	
Manteaux de drap, galonnés en or ou en argent, chaque. . .	5	
— — fins, unis, chaque.	2	50
— ordinaires et communs, chaque.	2	
Mantègue, le quintal.	1	50*
Mantilles de soie pour dames, chaque	2	
— — pour fillettes, —	1	25
— de dentelle et de mousseline, chaque.		75
Maquereaux, le baril		50
Marbres pour commodes, consoles, bureaux ou tables, chaq.	1	
— pour tombes, de 6 à 7 pieds de long, gravés, —	3	
— — des mêmes, unis, chaque.	2	
— — d'enfant, de 3 à 4 p. de long, grav., ch.	1	

DÉSIGNATION DES OBJETS.	DROITS.	
	§	c.
Marbres pour tombes d'enfants, de 3 à 4 p^{ds} de long unis, chac.		50
Marmites en fer ou en fonte, le quintal		75
— en fer-blanc ou en tôle, le quintal.		12
Marrons, le baril		75
Marteaux assortis, la douzaine.		40
Masques en fil de fer pour escrime, la paire.		20
— de carnaval, en carton, la douzaine.	1	
— — en toile cirée et en fil fer, la douzaine	2	
Masses en fer, la douzaine.	1	50
Matelas en crin, grands, chaque.	1	50
— — petits, —		75
Mâts petits, dits esparts, —		40
— grands, pour matures, 20 p. 0/0 *ad valorem.*		
Mèches à vilebrequin, la douzaine de mèches.		25
— petites, dites brades; la douzaine de mèches.		12
— à quinquet, la grosse.		12
Médailles en cuivre pour chapelets, le cent.		25
Mérinos, petite largeur, l'aune.		8
— grande largeur, —		15
Merrains, le millier.		75
Meules à aiguiser, assorties, chaque.		25
Miel, la bouteille.		4
Mine de plomb, la livre.		8
Mirobon, étof. mêlée de soie et de cot., 30 p^{ces} et au-d^{sous}, l'au^{ne}		8
Miroirs de 2 p. sur 3, montés sur carton ou feuilles de bois, dou.		4
— de 3 à 4 pouces, sur 5 à 7 pouces, montés sur carton ou feuilles de bois, la douzaine.		8
— de 4 à 7 pouces, sur 7 à 12 pouces, montés sur carton, avec ou sans tiroirs, la douzaine.		50
— des mêmes dimensions, montés sur bois divers, avec ou sans dorure, pour toilette, la douzaine.		70
— en pivot ou sans tiroirs, montés sur bois de 6 pouces et au-dessus de diamètre, sur 10 à 15 pouces de hauteur, la douzaine.	2	50
— des mêmes, au-dessus de 6 pouces de large ou de diamètre, sur 6 à 10 pouces de hauteur, chaque. . .		25
— de 7 à 10 pouces, sur 12 à 15 pouces de hauteur, encadrés ou non encadrés, avec dorure ou non; pour toilette, la douzaine.	1	50
— au-dessus des dimensions ci-dessus. (Voyez glaces.)		
Molleton de laine ou de coton, 30 pouces et au-dessous, l'aune		7
Montres d'or de toutes qualités, chaque.	1	50
— d'argent — —		75
— de cuivre — —		50
Moques en fer-blanc, la douzaine		25
Morlaix large, créas, de toile ou de coton, l'aune.		4*
— étroit, ou dowlas, de toile ou de coton, l'aune. . . .		3*
Mors de bride, plaqués, la douzaine.	3	

DÉSIGNATION DES OBJETS.	DROITS.	
	$	c.
Mors de bride, ordinaires, la douzaine	2	50
— — communs, —	2	
Mortiers (bouches à feu), francs de droits.		
— en marbre, avec ou sans pilons, la douzaine. . . .	2	
— en cuivre, — — la livre.		10
— en fer — — —		4
Morue, bacaliau et paccork, le quintal.		40
Mouchettes avec plateaux en tôle ou fer-blanc, la douzaine. .		30
— sans plateaux, la douzaine.		16
Mouchoirs de Madras, véritables, la pièce de 8 mouchoirs. .	1	
— de Paliacate et de Masulipatam, véritables, la pièce de 8 mouchoirs.	1	
— façon Madras, Paliacate, Masulipatam, la douzaine		50*
— de fil, à fonds divers, en couleur ou en carreaux, larges de $\frac{3}{4}$ et au-dessus, la douzaine.		75
— de fil, des mêmes au-dessous de $\frac{3}{4}$, la douzaine. .		50
— — fins et blancs, de $\frac{7}{8}$ et au-dessus, — . .	1	
— — communs, blancs, de $\frac{7}{8}$ et au dess. — . .		50
— bleus, dits faux romal, gros, la douzaine.		20*
— d'indienne, étroits, communs, —		22*
— d'organdi, blancs et en couleur, —		50*
— de coton, fins, pour poche, —		66*
— de mousseline ou coton ordinaires, étroits, blancs, ou de couleur, la douzaine.		30*
— de mousseline fine, blanche et en couleur, la douz.	1*	
— — ordinaire, blanche et en coul. —		75*
— — commune, — — —		50*
— de percale ou de mousseline, brodés, —	1	50
— de batiste, brodés, de $\frac{3}{4}$ et au-dessus, —	5	
— — — au-dessous de $\frac{3}{4}$, —	4	
— — imprimés ou festonnés, —	3	
— — — sans festons, p. têtes, —	2	
— — — pour poche, —	1	50
— — unis, en pièce de $\frac{3}{4}$ et au-dessus, —	2	
— — — — au-dessous de $\frac{3}{4}$, —	1	50
— de soie, noirs, au-dessus de 4/4, —	2	
— — — au-dessous de 4/4, —	1	
— — en couleur pour poche, —	2	
Moules à balles, en cuivre, la douzaine.	1	50
— — en fer, —		75
— à pâtisserie, en cuivre, —		50
— — en fer-blanc, la douzaine		30
Moulins à vapeur (francs de droits).		
— en fer, à eau et à bêtes (francs de droits).		
— à maïs, à coton et à café, —		
— à moudre le poivre ou le café, chaque.		6
— à tabac, chaque.	1	
Mousquetons de cavalerie (francs de droits).		

DÉSIGNATION DES OBJETS.	DROITS.	
	$	c.
Mousseline blanche et en couleur, unie ou brodée, de $\frac{3}{4}$ et au-dessous, mousselinette et basin mousseline, l'au^{ne}		5
— blanche et en couleur, unie ou brodée, mousselinette et basin moussel., au-dsus de $\frac{3}{4}$ jusqu'à 4/4, d°		6
— diverses, de laine, l'aune.		8
Moustiquaires de toutes sortes, chaque.	2	
Moutarde en pots, la douzaine.	1	
— en pobans, —		50
Moutardiers en verre, —		16
— en cristal, —		60
— en métal. —		50
Mouton salé, le baril.	2	
— en vie (francs de droits).		
Mulets —		
Muscade, la livre		8

N

Nankin véritable et contrefait, large, blanc, jaune et bleu, en pièces ou coupons de 4 à 6 aunes, le 10 pièces ou coupons	2	
— des mêmes, étroits, en pièces ou coupons, de 4 à 7 aunes, 10 pièces ou coupons	1	50
Nankinettes de toutes couleurs, à barres ou unies, printa-nières, florentines, de 20 pouces et au-dessous de large, l'aune.		2*
— comme celles qui viennent d'être dénommées, au-dessus de 20 à 29 pouces de large, l'aune.		3*
— des mêmes, au-dessus de 29 pouces à 35 p., l'au^{ne}		4*
Nansouk, au-dessous de $\frac{3}{4}$ de l'arge, l'aune..		5
— de $\frac{3}{4}$ de large et au-dessus, jusqu'à 4/4, l'aune.		6
Nappes fines, damassées, larges, rayées, de 24 couv. et plus, ch.		75
— ordinaires unies, à barre, de couleurs, écrues, chaque.		20
— de coton, fines et larges, chaque.		30
— communes et étroites, chaque.		10
Nattes de paille, larges de 4/4 et au-dessus, en pièces, l'aune		20
— au-dessous de 4/4 de large, en pièces, l'aune.		12
— de jonc, chaque.		15
— pour plats, la douzaine.		50
Navettes en argent pur, le marc.		50
— en cuivre doré, chaque paire.		50
Nécessaires en nacre, garnis de leurs objets, pour hommes et femmes, chaque.	2	50
— riches, en nacre, garnis de leurs objets, chaque.	6	
— en acajou ou bois recherché, chaque.	1	50
Noir de fumée, la poche.		1
— d'animal, le cent.		75
Noisettes, le baril.		75
Nougat, la livre.		6

DÉSIGNATION DES OBJETS.	DROITS.	
	$	c.
O		
Obus (projectiles), francs de droits.		
Obusiers (bouches à feu), francs de droits.		
Ocre jaune et rouge, le baril.		75
Oignons en macornes, la macorne.		5
— en grenier, le quintal.	1	
Olives en pobans, les 12 pobans.		20
— en petits barils, le petit baril.		30
— en postiches, la postiche.		8
Or brûlé (franc de droits).		
Oreillers et traversins en plumes, (prohibés).		
Organdi en pièces, de 30 pouces et au-dessous, l'aune		5
Orgues, 20 0/0 *ad valorem*. (Voy. l'art. 24, 1er alinéa.)		
— pour églises, (franches de droits).		
Ornements de bride, en étain, la grosse.		66
— — en cuivre doré ou argenté, la grosse. .	1	50
— d'église, 20 p. 0/0 *ad valorem*.		
— de prêtre, 20 p. 0/0 —		
P		
Paillettes en or ou argent fin, le marc.		50
— — — faux, —		50
Pains à cacheter, la livre		12
Paletots de drap ou casimir, chaque	2	50
— d'étoffes autres, chaque.	1	50
Palettes de peintre, en ivoire, la douzaine		20
— — en bois divers, la douzaine.		12
Paniers ou corbeilles, en osier, grands, la douzaine	2	
— — — petits —		75
— en porcelaine, pour fruits, la paire.		50
Pantalons de drap fin, casimir, tricot, soie, chaque.	1	50
— de toile fine, basin, nankin, nankinettes et autres étoffes légères, chaque		50
— de peau de daim et de chamois, chaque	1	
— galonnés en or, chaque	2	50
— — en argent, chaque.	2	
— en collette ou grosse toile, la douzaine.	1	50
Pantoufles de laine, dites chaussons de tresse, communes, douz.		75
— — fines et ordinaires, la douzaine	1	
— en peau, la douzaine.	1	50
Papier sablé, la main.		8
— à dessin, plans, cartes, dit grand aigle, les 100 feuilles	1	
— à ministre, coupé, fin et doré sur tranche, la rame. . .	1	
— — non doré sur tranche, la rame.		75
— fin, au-dessus de 15 pouces, la rame		60
— ordinaire, grand, de 15 pouces et au-dessus, la rame. .		70
— commun à écolier, au-dessous de 15 pouces, la rame .		15
— à lettres, doré sur tranche, la rame.		60

DÉSIGNATION DES OBJETS.	DROITS.	
	$	c.
Papier à lettres non doré sur tranches, la rame		48
— d'enveloppes, à cartouches et à doublage, gris, bleu, jaune, la rame.		12
— rayé, à musique, la main.		10
— à tapisserie, à fonds riches ou avec sujets, velouté ou satiné, le rouleau.		25
— à tapisserie, à fonds variés ou à fleurs, velouté ou satiné, sans dorure, le rouleau.		18
— à tapisserie à fonds unis, velouté ou satiné, le rouleau		6
— — ordinaire, à fonds unis, variés ou à fleurs, sans dorure, non satiné, glacé ou non glacé, le roul.		3
— imperméable, la rame		40
Parapluies, chaque		80*
— en coton, chaque.		18
— en étoffe de laine, chaque.		40*
Parasols, ombrelles, de toutes grandeurs et façons, chaque.		80*
— — pour enfants, de toutes grand. et faç., ch.		25*
Parchemin, les 12 feuilles.		75
Parfumeries assorties, la malle de 2 p^{ds} de long sur 1 de large.	2	50
— — — au-dessus de cette dimension, (Voyez l'art. 24, 3° alinéa de la loi.)		
Passants ou passements en or ou argent fin, la paire.		8
Pastilles diverses, la livre		6
Pâtes, vermicelle, macaroni, etc., la livre.		3
— d'amande et de coco, la livre		10
Peaux de vache diverses, chaque.		64
— de veau, vernies pour couverture de fonte, etc., la douz.	3	
— — cirées, la douzaine.	2	
— de chèvre — —		50
— de maroquin vrai, —	1	
— — faux, —		50
— de daim ou de chamois, chaque.		30
— de mouton, blanches ou chamoisées, la douzaine		50
— d'ours, chaque.		50
— de tigre, —	1	
— de buffle, la douzaine.	12	
— de cochon, —	3	
— cirées, de cheval, chaque		30
Peignes en cuivre doré, montés en pierres fausses, la douz.	7	
— en écaille, pour femmes, la douzaine.	4	
— en corne, — —	1	
— en ivoire, à décrasser ou à démêler, en écaille, pet., la d.		50
— en corne, diverses, à décrass. ou à démêler, com., —		25
Peintures de toutes qualités, la livre.		1½
Pékin, de toutes couleurs, 30 pouces et au-dessous, l'aune.		8
Pelles en fer, la douzaine		75
— en bois, —		40
— à sel, —		40

DÉSIGNATION DES OBJETS.	DROITS.	
	$	c.
Peluche de soie, pour chapeaux, l'aune		12
— de coton, — —		6
Pendules à musique, grandes, chaque.	8	
— ordinaires et communes, en bois, chaque.	2	
— en cuivre ou en bronze, chaque.	6	
Pentures et gonds. (Voyez gonds en pentures.)		
Percale fine et ordinaire, de 30 pouces et au-dessous, l'aune		6
— très-commune, — — —		4
Perdrix confites, le pot		28
Perlasse, le quintal		75
Perles fausses, la masse.		50
— fines. (Voyez bijouterie fine.)		
Perruques, chaque	1	
Pèse-liqueurs, la douzaine.		50
Petit salé en gonnes, la gonne.	2	50
— en baril, le baril.	1	50
Pièces-à-eau, cerclées en bois, par chaque gallon.		1
— — en fer, — —		2
Pieds-de-roi, la douzaine		25
— et oreilles de cochon, en barils, le baril.	1	50
Pierres à fusil, le millier		75
— à rasoir, chaque		3
— à filtrer, —		75
Pinceaux à peinture, assortis, la douzaine		50
— à barbe, la douzaine.		40
Pinces à orfévre et à cordonnier, la douzaine.		40
— pioches, piquois, —	1	
Pincettes à sucre, —		50
Pipes vides de 100 à 120 gallons, chaque.		25
— à fumer, en porcelaine, garnies, chaque.		10
— — en faïence, la grosse.		24
— — en terre, —		10
Pistolets, à cheveux ou fins, à pistons, ou non, avec leurs boîtes et accessoires, la paire	9	
— à plusieurs coups, la paire.	9	
— ordinaires, à pistons ou non, sans boîte, la paire. . .	2	
— de cavalerie (francs de droits).		
Planches de pitchpin, le millier.	2	50
— de sapin, —	1	75
— de chêne, —	3	50
Plaques en cuivre pour shakos de troupes, la douzaine.		24
— dorées et argentées, — — . . .		50
— diverses, pour cercueils, — . . .	3	
Plateaux pour cabarets, peints, dorés ou non, d'un pied et au-dessus de diamètre, chaque.		75
— des mêmes, au-dessous d'un pied de diamètre, la d.	2	
— en métal pour carafes, la douzaine.	1	50
— en paille, la douzaine.		50

DÉSIGNATION DES OBJETS.	DROITS.	
	$	c.
Plateaux plaqués en argent et ceux en argent, 20 pour 0/0 *ad valorem*. (Voyez l'article 24, 1er alinéa.)		
Platilles blanches de toutes qualités, larges de plus de $\frac{2}{3}$, mêmes taxes que toiles à chemises. (Voyez toiles.)		
— blanches fines, de fil ou de fil et coton, larges de $\frac{2}{3}$ et au-dessous, l'aune		6
— ordinaires et communes, de fil ou de fil et coton, larges de $\frac{2}{3}$ et au-dessous, l'aune		6
— grises de toutes qualités, 30 pouc. et au-dessous, l'aune		2
Platines pour la confection des cassaves, chaque		20
Plâtre, le baril.		25
Plats en verre, la douzaine.		75
Plomb en grain, la livre.		4
— en planche, —		2
— en saumon, —		1
Plumes d'oie, à écrire et à cure-dents, le millier		30
— en acier, la grosse.		30
— de toutes couleurs, pour chapeaux, à raison de trois plumes par garniture, la douzaine de garnitures. .		75
Plumets et panaches en plumes fines, chaque.		40
— — — de coq, —		25
Poêles et poêlons de cuisine, la douzaine.	1	50
Poids pour balances, en cuivre, le quintal	9	
— — en fer, —	1	
Poignées pour malles, en cuivre, la douzaine de paires. . . .		30
— — en fer, — — . . .		12
— en cuivre, en verre ou en cristal pour tables, la douzaine de paires.		75
Poignets pour chapeaux, la douzaine.		25
Poil de cerf, le quintal.	2	
Pointes en cuivre, la livre.		9
— de Paris, en fer, assorties, la livre.		6
Poires à poudre, en cuivre, assorties, la douzaine.	4	
— — en corne, — —	2	50
— sèches, dites tapées, le panier.		30
Pois à manger de toutes espèces, le baril.		25
— d'Iris, pour cautères, la livre.		3
Poissonnières en cuivre. —		10
— en fer-blanc, chaque		20
Poivre de toutes espèces, la livre.		2
Polonaise, de 30 pouces et au-dessous, l'aune.		5
Polygraphes, chaque		75
Pommades en petits pots et bâtons ordinaires, la douzaine.		25
— en grands pots de grès ou fer-blanc, la livre . . .		20
— en salières de verre, la douzaine.		50
— en pots, en bâtons et en verre, autres que les dimensions ci-dessus. (Voy. l'art. 24, 3e alinéa de la loi.)		

DÉSIGNATION DES OBJETS.	DROITS.	
	$	c.
Pommeaux de selle, la douzaine de pommeaux.		12
Pommelles pour voiliers, la grosse.		40
Pommes, le baril.		40
— de terre, le baril		40
— — en petits paniers, chaque		6
Pompes de bois pour navires, —	2	
— à incendie (franches de droits).		
— à manivelle, pour puits, chaque.	1	
— en cuivre, à mains, pour guildives, chaque.		50
— en fer-blanc, — — —		37
— en bois, — — —		12
Pompons en or ou argent, pour officiers, la douzaine.	2	50
— en soie ou en argent et soie, —		75
— en laine, la douzaine.		25
Porcelaine fine et commune, la pièce		3*
Porte-bouquets, chaque		5
— bouteilles, plaqués en argent, chaque.		8
— — non plaqués, la douzaine.		40
— cigares, la douzaine.		20
— crayons, fins, en or, chaque.		25
— — — en argent, chaque.		16
— — ordinaires, en argent, chaque		10
— — en cuivre argenté, —		4
— — — pur, la douzaine.		30
— épées en maroquin ou velours, brodés d'or, chaque.		25
— feuilles, grands, dits à ministre, chaque		75
— — de poche, grands de 6 pouces, ou plus de 6 p., avec fermoirs, la douzaine		40
— — des mêmes, au-dsous de 6 p^{ces}, avec fermoirs, la d.		20
— — des mêmes, sans fermoirs, assortis, la douzaine		12
— habits en bois, chaque.		10
— — en fer ou en cuivre, chaque.		6
— huiliers en bois ou en fer-blanc, peints, sans carafes, ch.		15
— liqueurs et porte-huiliers, plaqués, fins, avec les carafes en cristal, chaque.	2	25
— liqueurs, des mêmes, avec les carafes en verre, chaque.	1	
— manteaux de voyage, de toutes qualités, chaque		25
— montres en soie, brodés, la douzaine	1	
— — unis, —		50
— — en étoffe. —		25
— plumes, —		25
— têtes, *ad valorem.*		
Potiches à encre, vides, de toutes dimensions, le cent.		40
Pots en porcelaine pour fleurs, la paire.		50
Poudre à poudrer, les 12 livres		12
— à gibier, la livre.		12
— à canon, —		5
— de litharge d'or ou d'argent, la livre.		8

DÉSIGNATION DES OBJETS.	DROITS.	
	$	c.
Poudre de fer, la livre.		4
— à dents, les 12 boîtes		40
— de Saint-Ange et d'Aillaux, la boîte.		12
— de Seidlitz et de Soda-water, la douzaine de boîtes		66
— de gingembre, la douzaine de boîtes.		50
Poulies simples, en bois, assorties, le pouce.		1
— doubles, — — —		2
— en cuivre, la livre.		10
Poupées et tous joujoux d'enfants, 20 p. 0/0 *ad valorem.*		
— fines, etc., comme ci-dessus.		
Presses hydrauliques (franches de droits).		
— à imprimer, chaque.	4	
— à relier, —	1	50
— à timbrer, —	1	50
— à copier, —	1	
— pour comprimer le drap, *ad val.* (V. l'art. 24, 1ᵉʳ alin.)		
Printanières. (Voyez nankinettes.)		
Projectiles d'artill. de toutes sortes, non dénom. (fr. de droits).		
Prunes et pruneaux, la livre.		2
Psychés. (Voyez glaces.)		

Q

DÉSIGNATION DES OBJETS.	DROITS.	
Queues de billard, la douzaine.		3
Quincailleries non prévues, 20 pour 0/0 *ad valorem.* (Voyez l'art. 24, 1ᵉʳ alinéa.)		
Quinquets à plusieurs branches, chaque.	2	
— ordinaires —		50
— pour tables, à globes en verre, chaque.	1	25
— — à cercles et à garde-vue en soie ou en étoffes gazées, chaque		50
Quitterines. (Voyez voitures.)		

R

DÉSIGNATION DES OBJETS.	DROITS.	
Rabots avec fers, la douzaine.		75
— sans fers, —		50
Racles ou grattoirs pour bâtiments, la douzaine		50
Raisins secs, la livre.		2
Rapporteurs en cuivre, ivoire ou corne, quand ils sont détachés des boîtes ou des étuis de mathématiques, la douzaine		60
Rasoirs fins, dans leurs boîtes ou étuis, la paire.		30
— — en paquets et en cartes, —		20
— communs, en paquets et en cartes, —		6
Ratafia et guignolet, les 12 bouteilles	1	
— — les 12 demi-bouteilles		50
Râteaux en fer, chaque		12
Ratières en fer, la douzaine.		50
Réchauds en terre, cerclés en fer, chaque.		15
— en fer, —		25

DÉSIGNATION DES OBJETS.	DROITS.	
	$	c.
Redingotes en drap fin, chaque.	3	
— — ordinaires et étoffes diverses, chaque. . .	2	50
Régénérateur en bouteilles, la bouteille.		25
Registres au-dessus de 24 pouces, chaque.	1	50
— de 18 à 24 pouces, —	1	
— au-dessous de 18 pouces, —		30
Règles du jeu de billard, en tableaux, le tableau.		40
— en bois, pour bureaux, assorties, la douzaine.		30
Ressorts pour roues de voiture, 20 0/0 *ad valorem.*		
— pour montres, — —		
Rideaux en soie, la douzaine	2	
— en mousseline, la douzaine.	1	
Ridicules en soie, pour femmes, chaque.		16
— en étoffe, —		8
Rigoises en cuir de bœuf, la douzaine.		25
Rivets, les cent livres	1	50
Riz, le quintal		75
Robes faites, de toutes sortes et pour tout âge, chaque. . . .	3	
— en coupons de dentelle et batiste, de 5 à 10 aunes, ch.	2	
— — de mousseline, etc., — — —	1	
Robinets en cuivre pour grosses pièces, bassines, barriques, etc.		
la livre		3
— en plomb pour grosses pièces, bassines, barriq., etc.,		
la livre		2
Rotissoires en fer-blanc, avec broches et lèchefrites, chaque. .	1	
Rouen, couronné, fleuret, de 30 pouces et au-dessous, l'aune		6
Roues de voiture, de cabrouet ou de chariot, la paire.	2	
Rouleau de ménage, blanc et écru, 30 pouces et au-dessous,		
l'aune.		3
Roulettes en cuivre, la douzaine.		40
— en fer, —		25
Rubans ou mesures, —		12
— de satin, assortis, la pièce de 12 aunes		12
— de soie, — —		9
— de soie noire, à border et à garnir les souliers, la pièce		
de 12 aunes		9
— larges, de toutes qualités, l'aune.		5
— de velours de soie, —		2
— — de fil ou de coton, les 12 aunes.		6
— de laine, pour matelas, —		9*
— de fil et coton, en pièces.		8*
Russie véritable, large de $\frac{2}{3}$, l'aune		6
— — au-dessus de $\frac{2}{3}$. (Voyez l'article 24, 3ᵉ alinéa		
de la loi.)		
— — étroite, au-dessous de $\frac{2}{3}$, l'aune.		5
— contrefaite, large de $\frac{2}{3}$, —		4
— — au-dessus de $\frac{2}{3}$, (V. l'art. 24, 3ᵉ alinéa.)		
— — étroite, au-dessus de $\frac{2}{3}$, l'aune		3

DÉSIGNATION DES OBJETS.	DROITS.	
	$	c.
S		
Sabres de cavalerie pour troupes (francs de droits).		
— fins, pour officiers, avec fourreau et poignée en cuivre doré ou argenté et avec moulures et ornements, chaq.	1	50
— des mêmes, sans moulures ni ornements, chaque. . .	1	
— ordinaires avec fourreaux et poignées en cuivre bruni ou uni, chaque.		50
— — avec fourreaux de cuivre et embouts de fer ou de cuir, chaque		40
Sacs à habitants de 3 à 4 fils, la douzaine.		75
— de colette et autres toiles à charger, le cent.	2	50
— en soie. (Voyez ridicules.)		
— de chasse, pour plomb, simples, la douzaine		60
— de nuit et de voyage, en étoffes riches, chaque		75
— — — — communs, chaque . . .		25
— de chasse pour plomb, doubles, la douzaine.	1	20
Saint-Georges, de 30 pouces et au-dessous, l'aune.		3
Salières en verre, la douzaine.		25
— en métal de toutes espèces, la paire.		25
Sance, de 30 pouces et au-dessous, l'aune		3
Sandaraque en petites fioles, la douzaine.		50
Sangles faites, chaque.		25
— en pièces, l'aune		3
Sangsues (franches de droits).		
Sardines en barils, le baril.		50
— en pots, le pot.		20
— à l'huile, en boîtes de fer-blanc, la boîte		10
— — en demi-boîtes de fer-blanc, la demi-boîte		6
— — en quarts de boît, — le q. de boîte.		4
Satin. (Voyez soieries.)		
Sauce ou king-sauce, la douzaine de pobans.		3
Saucissons confits au saindoux, la livre.		4
— non confits, —		4
Saumons en barils, le baril	1	50
— en demi-barils, le demi-baril.		75
— en quarts de barils, le quart de baril.		37*
Savon de toutes qualités, les cent livres	1	25*
Savonnettes, la douzaine.		16
Seaux en cuir, en bois, chaque		12
— en verre blanc ou de couleur, pour tables, la douzaine.		30
Shakos d'offic., en castor, velours ou maroq., sans cordons, ch.	1	50
— de troupes, avec plaques sans cordons, la douzaine. .	3	
Schalls de tulle ou de dentelle de fil, ou de dentelle de coton, et fil et soie, de 4/4 et au-dessus, chaque.	1	50
— de soie de toutes grandeurs, —	2	50
— de coton blanc et en couleur, de toutes grand., la douz.	2*	
— de mousseline, — la douz.	2*	
— de mérinos, de laine et coton, — la douz.	5*	

DÉSIGNATION DES OBJETS.	DROITS.	
	$	c.
Scies grandes et moyennes, non montées, assorties, la douz.	2	
— petite, non montées, la douzaine.	1	50
— grande, montées, assorties, la douzaine	2	25
— petites, — — —	1	75
Secrétaires portatifs de voyage, en bois d'acajou, de cèdre, de buis, etc., fins et riches, chaque. .	3	
— — unis et communs, chaque	1	50
Sel marin en barils, le baril.		10
— en petits pains, ou en paniers, chaque.		5
Selles fines, à homme, pour officiers supérieurs, garnies de fontes et de housses galonnées, chaque.	12	
— ordinaires, avec ou sans housses, —	8	
— sans fontes ni garnitures, —	6	
— de troupes, avec garnitures et harnais, chaque.	3	
— fines et ordinaires pour femme, garnies, —	8	
— communes, — — —	5	
— pour hom. et fem. de toutes qual., non mont., chaque.	3	
Serge, de 30 pouces et au-dessous, l'aune		10
Serinettes, chaque.	1	50
Serpes, la douzaine		50
Serpettes, — . . . . , ...		40
Serre-bras en étoffe, *ad valorem.*		
Serrures en cuivre, de plus de 6 pouces de large, chaque. . .		15
— — au-dessous de 6 pouc., assorties, la douz.	1	50
— en fer, assorties, pour portes, la douzaine.	1	
— pour malles et tiroirs, en fer, —		25
— en fer, montées sur bois, —		75
Serviettes avec nappes, blanches, de fil, ouvrées et damass., la d.	2	50
— des mêmes, sans nappes, la douzaine	1	50
— avec nappes, unies, à barres, en coul., la douzaine	1	
— des mêmes, sans nappes, la douzaine.		75
— avec nappes, écrues, à barres en couleur, la douz.		75
— des mêmes, sans nappes, la douzaine.		50
— de coton, larges, damassées, avec nappes, la douz.	1	
— — damassées, sans nappes, la douzaine. . .		75
— — à barres en couleur, — . .		50*
— — étroites, petites et communes, la douzaine		25*
Siamoises de 3/4 à 7/8, rayées, l'aune.		4
Sirop d'orgeat et d'autres qualités, en bouteilles, la douzaine	1	50
— — — en fioles, —		75
Sirsacas, de 30 pouces et au-dessous, l'aune.		
Soie à coudre et à broder, la livre.		25
— pour cordonniers —		10
Soieries ⎰ Drap de soie et autres étoffes brodées, l'aune. . . .		25
Gros de Naples broché, uni ou rayé; satin uni ou à fleurs, taff. et autres étof. de soie ouvr. p^r robes, d°		20
Levantine, Florence et soieries légères et ray., l'aune		15
Le tout de 30 pouces et au-dessous.		

DÉSIGNATION DES OBJETS.	DROITS.	
	$	c.
Soieries au-dessus de 30 pouces. (Voy. l'article 24, 3° alinéa.)		
Son, le baril.		30
Sondes à main, en fer-blanc, pour vin, la douzaine.		50
Soufflets de forgeron, chaque.	1	
— de boucher, —	1	
— de cuisine, la douzaine.	1	
Souliers en tricot de laine, dits chaussons, pour enfants, la douz.		25
— fins, pour hommes, vernis ou cirés, la douzaine.	2	50
— ordinaires, — — — —	2	
— communs, pour troupes —	1	
— de garçons, dits de cadets, —	2	
— pour femmes, en soie, en peau fine de couleur ou en maroquin, la douzaine.	2	
— pour femmes, en soie, brodés ou pailletés, la douz.	6	
— pour femmes, en prunelle et autres étoffes ou en peau commune, la douzaine	1	50
— pour petits enfants, de toutes qualités, la douzaine.	1	
— pour fillettes, de toutes qualités, la douzaine.	1	50
— en gomme élastique, dite caoutchouc, la douzaine.	2	
Souricières, la douzaine.		25
Statues en plâtre, de 2 pieds de hauteur et au-dessus, chaque.		75
— — de 12 pouces de hauteur à 23 pouc., chaque.		37
— — au-dessous de 12 pouces, la douzaine.		60
— en marbre ou en bronze, 20 p. 0/0 *ad valorem*. (Voy. l'article 24, 1er alinéa de la loi.)		
Statuettes, 20 p. 0/0 *ad valorem*. (Voyez l'artice 24, 1er alinéa de la loi.)		
Stéréoscopes, 20 p. 0/0 *ad valorem*. (Voy. l'article 24, 1er alinéa de la loi.)		
Sucre candi, de pomme et d'orge, la livre		8
— raffiné —		3
Sucriers en verre ou en porcelaine, la paire.		25
Suif, la livre.		1

T

Tabac en poudre, la livre.		20
— — en bouteilles et en flacons, chaque.		20
— en andouilles, la livre.		10
— en feuilles, —		4
— à chiquer de toutes les provenances, la livre.		4
Tabatières en or, simples ou à musique, l'once.	1	
— en écaille, garnies en or fin, chaque.		80
— en argent fin, le marc.	1	
— en écaille, garnies d'argent fin, chaque		60
— en bois et autres matières, à fonds doré, chaque.		40
— en carton, fines, la douzaine	1	
— — cuir ou bois divers, à fonds de corne, communes, la douzaine.		30
— en étain, plomb, corne, communes, la douzaine.		20

DÉSIGNATION DES OBJETS.	DROITS.	
	$	c.
Tabatières à musique, en écaille, bois, etc., chaque.	1	50
Tableaux peints à l'huile, avec ou sans cadres (francs de droits).		
— gravés, coloriés ou non, et ceux de sainteté, de 3 à 4 pouces, sur 3 à 6 pouces, avec cadres dorés, chaq.		14
— gravés, coloriés ou non et ceux de sainteté, avec cadres dorés, de 6 à 8 pouces, sur 6 à 12 p., chaque.		28
— des mêmes, et ceux de sainteté, avec cadres dorés, de 9 à 11 pouces, sur 13 à 15 p^{ces}, ch.		50
— — de 12 à 20 pouces, sur 16 à 24 p^{ces}. ch.		75
— — de 31 à 36 pouces, sur 35 à 40 p^{ces}. ch.	2	50
— — de 21 à 30 pouces, sur 25 à 34 p^{ces}. ch.	1	20
— — de plus grandes dimensions, 20 pour 0/0.		

ad valorem. (Voyez l'art. 24, 1er alinéa de la loi).

NOTA. — Les tableaux coloriés ou non et ceux de sainteté, à cadres non dorés, dans les proportions ci-dessus, payeront, la moitié du droit établi sur ceux à cadres dorés.

DÉSIGNATION DES OBJETS.	DROITS.	
Tables en acajou, pliantes, chaque.	6	
— d'autres bois, — —	4	
— de toilette, en acajou ou bois recherché, chaque.	3	
— ordinaires, de noyer, cerisier et autres bois, chaque.	2	
— de sapin, chaque.	1	
Tablettes de peintre, en ivoire, la douzaine.		25
— — — —		16
Tabliers en peau, chaque		75
Tabourets pour pieds, la douzaine.	1	50
— pour pianos, chaque		50
Taffetas faux, de soie et de coton, de 30 p^{ces} et au-dsous, l'au^{ne}.		10
Tambours (caisses) en cuivre, chaque.		40
— — en bois, —		20
— pour enfants, la douzaine.		60
Tamis à farine, montés, —	1	
— à vesou, non montés, —		50
Tapis de billard, chaque.	4	
— de pieds, de plus de 3 pieds de long sur un pied de large, chaque.	1	
— de pieds, de moins de 3 pieds de long, sur un pied de large, chaque.		50
— de chambre ou de salle, chaque.	7	
— fins pour tables,	1	25
— ordinaires et communs, pour tables, chaque		75
Targettes en cuivre, la douzaine.	1	
— en fer, —		50
Tarières assorties, —		25
Tasses et soucoupes, avec dorures, etc. (Voy. porcelaine.		
Télescopes portatifs, chaque.	2	
— grands, 20 p. 0/0 *ad valorem.*		
Tenailles, chaque		5
Terraille, la douzaine de pièces		12

DÉSIGNATION DES OBJETS.	DROITS.	
	$	C.
Terre de pipe. (Voyez ciment.).		
Thermomètres, grand de plus de 12 pouces, chaque		20
— au-dessous de — la douzaine. . .		60
Tierçons vides, de 10 à 30 gallons, chaque.		6
Tiges de bottes, la paire.		40
Tilles à charpentier, la douzaine.	1	
Tire-bottes, —		40
Tire-bouchons —		40
Toiles fines, ordinaire, de fil ou de fil et coton, à che- mises, de toutes fabriques, de 30 pouces et au-des- sous, l'aune.		8
— très-communes, des mêmes, de 30 pouces et au-des- sous, l'aune.		5
— au-dsus des dimensions ci-dsus. (V. l'art. 24, 3ᵉ alinéa.)		
— de coton pur. (Voyez coton.)		
— grises ou écrues, fines ou ordinaires, de toutes fabriq., de 30 pouces et au-dessous, l'aune.		5
— grises, très-communes, de toutes fabriques, et de 30 p. et au-dessous, l'aune.		4
— grises, au-dessus des dimensions ci-dessus. (Voyez l'ar- ticle 24, 3ᵉ alinéa.)		
— à draps de 3/4 à 4/4, l'aune		7
— — au-dessus de 4/4 jusqu'au-dessous de 6/4, l'a.		12
— — de 6/4, l'aune.		20
— — au-dessus de 6/4. (Voyez l'art. 24, 3ᵉ alinéa.)		
— damassées, blanches et en couleur, larges de 4/4, l'a.		12
— — au-dessus de 4/4. (Voy. art. 24, 3ᵉ alinéa.)		
— — au-dessous de 4/4, l'aune.		8
— — de coton, de 4/4, —		8
— — de coton, au-dessous de 4/4, l'aune. . . .		6
— — de cot., au-dsus de 4/4. (V. l'art. 24, 3ᵉ al.)		
— à voiles, de 30 pouces et au-dessous, l'aune.		4
— — au-dessous de 30 pouces. (Voy. art. 24, 3ᵉ al.)		
— à sacs, de 3/4 de large et au-dessous, l'aune. . . .		2
— — au-dessus de 3/4. (Voy. article 24, 3ᵉ alinéa.)		
— cirées, de 30 pouces et au-dessous, l'aune.		8
— — au-dessus de 30 pouces. (Voy. l'art. 24, 3ᵉ alin.)		
— à emballage de 3/4 de large et au-dessous, l'aune. . .		2
— — au-dessus de 3/4. (Voy. l'art. 23, 3ᵉ alin.)		
— pour serviettes, de coton ou de fil et coton, de 30 p⁰ et au-dessous, l'aune.		5
— pour serviettes, des mêmes, au-dessous de 30 pouces. (Voyez l'article 24, 3ᵉ alinéa de la loi.)		
— pour nappes, de coton ou de fil et coton, de 30 pouces et au-dessous, l'aune.		7
— pour nappes, des mêmes, au-dessus de 30 pouces. (Voyez l'article 24, 3ᵉ alinéa).		
Tôle, le quintal.		75

DÉSIGNATION DES OBJETS.	DROITS.	
	$	c.
Tombeaux ou monuments en marbre, de toutes dimens., ch.	6	
Trabouques, chaque.	1	
Tranchets à cordonniers, la douzaine.		15
Traversins en plumes (prohibés).		
— en paille, la douzaine.		50
Trébuchets, chaque.		75
Tresses en or ou argent fin, pour gilets, l'aune		6
— — — faux, — —		5
— en soie, les 12 aunes.		6
— en laine, fil et coton, les 12 aunes		3
Trictracs, 20 p. 0/0 *ad valorem*. (Voy. l'art. 24, 1er alinéa.)		
Trompes en fer, la grosse.		60
Trompettes, chaque.		75
Truelles pour maçons, la douzaine.		50
Tuiles à couvrir, le millier	1	
Tulipes en or, pour chapeaux, chaque.		25
— en argent, pour shakos, la douzaine.		20
— pour chapeaux, en cuivre doré ou argenté, la douzaine.	1	50
— en cuir bruni, la douzaine.		30
Tuyaux de fer ou de fonte pour conduits d'eau, le quintal.	1	

V

Varlopes avec fers, la douzaine.	1	50
— sans — —	1	
Veilleuses en verre, chaque		10
Velours de soie, l'aune		25
— de coton, l'aune		8
Vermicelle. (Voyez pâte.)		
Vermouth en caisse ou en paniers de 12 bouteilles, chaque.		50
— en litres, les 12 litres.		75
Vernis en bouteilles, la bouteille.		12
Verres ou gobelets en cristal, taillés à patte, avec couvercles ou étuis, chaque.		25
— ou gobelets en cristal, coulés à patte, avec couvercles ou étuis, chaque.		25
— ou gobelets en cristal, taillés sans patte, avec couvercles, chaque		25
— ou gobelets en cristal coulés sans patte, avec couv., ch.		25

NOTA. — Les mêmes que dessus, sans étui, ni couvercles, payeront les mêmes droits.

Verres et gobelets en verre fin, taillés ou gravés, à patte, la douz.		75
— — — — — sans patte, la d.		50
— — — coulés ou moulés à patte, la douz.		50
— — — — — sans patte, la d.		50
— — — les mêmes, taillés, gravés et coulés, sans patte ou à patte, avec étuis ou couvercles, grands, chaque.		25

DÉSIGNATION DES OBJETS.	DROITS.	
	$	c.
Verres et gobelets en verre fin, les mêmes que dessus, moyens, chaque.		12
— à liqueurs ou de dessert, en cristal, taillés, à patte, la d.		25
— — — des mêmes, sans patte, la douz.		25
— à liqueur ou en verre, coulés, à patte ou sans patte, —		25
— — ou en cristal, coulés, à patte, la douzaine. . .		25
— à liqueur, ou de dessert, en verre, taillés, à patte ou sans patte, la douzaine.		25
— de champagne, en cristal, la douzaine.		25
— — en verre, —		25
— communs, dit de fougère, de toutes grandeurs, la douz.		25
— de lampe ou de quinquet, la douzaine		25
— de montre, la grosse	2	50
— de lunettes, ordinaires ou de couleur, la grosse	1	50
— ou verrines en cristal, à embouts p. chandeliers, la pair	1	50
— — en verre, — — —		50
Verrines à fleurs, à cylindre, la paire	1	50
— unies, — —		50
— — pour chandeliers, la paire.		25
Verrous, la douzaine		30
Vert-de-gris, la livre		6
Vestes faites en drap, de toutes qualités, chaque	3	
— — en étoffes légères, de toutes qualités, chaque. . .	1	
Vilebrequins, avec mèches assortis, la douzaine.	1	
— sans mèches — —		50
Vinaigre en futailles diverses, le gallon		2
— en dames-jeannes, chaque.		12
— en bouteilles, la douzaine		8
Vins rouges et blancs, en barriques, la barrique de 60 gallons	3	
— — — en caisse de 12 bouteilles, la caisse. . .		50
— de Madère, da Ténériffe, de Malaga, de Brunty, de Muscat, du cap de Bonne-Espérance, en futaille le gallon.		12
— de Champagne, de Porto, du Rhin, en caisse de 12 bouteilles, la caisse.		50
— de Muscat, de Malvoisie, et autres de dessert, en caisse de 12 bouteilles, la caisse		50
— blancs ou colorés, de Marseille, dits façon Madère, en futailles, le gallon.		12
Violons et violoncelles, fins, avec boîtes, chaque		50
— — communs, et ordin., sans boîte, chaq.		50
Vis au-dessus de 2 pouces (petites en fer), la grosse.		6
— en fer, pour lits, la grosse.		75
— petites, en cuivre, —		50
— — en fer, —		40
Visières en cuir, la douzaine.		20
Vitres, 20 p. 0/0 ad valorem. (Voy. l'article 24, 1er alinéa.)		
Vitriol, la livre		6

DÉSIGNATION DES OBJETS.	DROITS.	
	$	c.
Voiles de dentelle, de tulle, de fil ou de soie, chaque. . . .	2	
— de gaz ou mousseline, chaque.		50
— de dentelle de coton, chaque.	1	50
— pour bâtiments, 20 p. 0/0 *ad valorem.* (Voyez l'article 24, 1ᵉʳ alinéa.)		
Voitures, carrosses et calèches, chaque	10	
— Cabriolets et quitterines, chaque.	5	
— Chars-à-bancs et tilburys, chaque	5	
— d'enfants, à ressorts, chaque.		50
Vrilles assorties, la douzaine.		25
Veilleuses en porcelaine, chaque.		15
— en métal, chaque.		8

W

Whisky en futailles de 60 gallons au moins, le gallon. . . .		50
— en caisse de 12 flacons, la caisse.	1	
— en potiches d'une pinte et demie, les 12 potiches. .	1	

Z

Zinc en feuilles et en clous, la livre.		2

TARIF Nº 2

Droits d'exportation et imposition territoriale

DÉSIGNATION DES OBJETS	EXPORTATION		IMPORTATION territoriale	
	$	c.	$	c.
Acajou, les 1,000 pieds.	10		10	
Bois jaune ou fustic, le millier.	5		4	
— de gaïac et de brésillet, le millier.	3		3	
Cacao, le millier.	36		13	
Campêche, le millier.	5	50	2	50
Coton, le millier..	10		10	
Cuirs de bœuf, chaque.		50		
Pitte en crin, le millier	45		22	50

TARIF N° 3

Droits de wharfage

DÉSIGNATION DES OBJETS.	$	c.
Acier, le quintal............		6
Ail en macornes, les cent mac.		50
— en grenier, le quintal.....		4
Alambics avec leurs access., ch.	2	
Ancres de navire ou à jet, le quin.		6
Ardoises en caisses, la caisse..		25
Armoires, chaque............	1	
Avirons, la douzaine.........		6
Bahuts, le jeu..........		12
Baignoires en cuivre ou en fer-blanc, chaque.....		50
— ou demi-bains, en cuivre ou en fer-blanc, chaque......		25
— en bois ou grandes bailles, chaque....		4
Balances fortes, chaque.....		50
— à colonne, —		6
— de boutique, la douz.		12
Balles en bahuts, le jeu......		12
— de marchandises sèches, de 2 pieds et au-dessus, ch.		25
— de marchandises sèches, au-dessous de 2 pieds, ch.		12
Barillages de la grosseur d'un baril de farine, chaq.		12
— moitié moins, chaq.		6
Bques pleines, de 55 à 60 g., ch.		25
— — au-dessus —		50
— vides, de 55 à 60 gal., —		4
— — au-dessus — —		8
Beurre en frequins, le cent....		12
Bierre en tierçons, chaque...		18
Billards, chaque............	2	
Biscuits en barils, chaque..		12
— en demi-barils, —		6
— en sacs, le quintal....		6
— en petits barils ou frequins, chaque........		4
Bœuf fumé, le quintal........		12
Bois d'acajou, les 1000 pieds réduits, monnaie nation.	2	
— jaune ou de fustic, les 1,000 livres...		50
— de gaïac, de brésillet, les 1,000 livres...........		50
— équarris, de pitchpin ou de sap, le millier.......		50

DÉSIGNATION DES OBJETS.	$	c.
Boucauts en bottes, chaque...		6
— pleins. (Voyez les articles y contenus.)...		
Briques, le millier..........		50
Brouettes, chaque..........		6
Buffets, —	1	
Bureaux, secrétaires, chaque..	1	
Cabriolets. (Voyez voitures.)		
Cabrouets, gds et moyens, ch..		50
Cacao, le mil., mnaie nationale.		50
Caisses de provisions, se vendant la liv. ou au cent, le quint.		12
— de harengs saurs, chaq.		4
— de marchandises sèches, de 2 pieds et plus, ch..		25
— de marchandises sèches au-dessous de 2 pieds, chaque..............		12
Campêche, le 1000, monn. nat.		50
Canapés divers, chaque.......		25
Carreaux de marbre, le 1000..	2	
— de Barsac, la brasse.		25
— d'Alotte la prem. de bourg et autr. grosses pierres de construct., la douzaine........		25
— ordinaires, le millier		50
Carrosses. (Voyez voitures.)		
Cassettes, le jeu............		12
Chaises diverses, la douzaine..	1	
Chapeaux, le boucaut ou caisse.		50
Chapiteaux pour alambics, détachés, chaque....		30
Chandelles en caisses, le quint.		12
Charbon de terre, le boucaut..		50
Chars-à-bancs. (Voyez voitures.)		
Chaudières à sucre, chaque...		25
— en fonte, le quintal.		12
Cloches en fer, en fonte ou cuivre, le quintal......		12
Clous de toutes qualités, le quin.		12
Cochon fumé, le quintal......		12
Commodes, chaque..........	1	
Cordages divers, le quintal....		12
Coton, le millier, monnaie nationale..............		50
Couleuvres pour alambics, détachées, chaque.....		30

DÉSIGNATION DES OBJETS.	§	C.
Cuirs de bœuf en poil, les 100 cuirs, monnaie nationale		50
Cuivre, le quintal............	6	
Dames-jeannes de toutes grandeurs, vides ou pleines, ch.	2	
Demi-barils en général, gros comme 1/2 baril de farine, ch.	6	
Digdales pleines ou vides, ch.	2	
Dragées, par caisses de 12 bouteilles ou 12 pobans ou 30 fioles, la caisse.....	6	
— par caisses doubles, la caisse	12	
Eau-de-vie (mêmes droits que le genièvre et le whisky).		
Ebichettes. (Voyez tamis.)		
Echalotes en grenier, le quint.	4	
— en macornes, les 100 mac.	50	
Enclumes, chaque............	25	
Esparts, —	6	
Etain, le quintal.............	6	
Etaux, chaque.............	12	
Essentes diverses, le millier...	50	
Faïence en boucauts, le boucaut	50	
— en paniers, le panier....	36	
— en harasses, chaque.....	36	
— en grandes caisses, chaq.	36	
— en mannequins ou demi-paniers, chaque......	18	
Farine de froment ou de seigle, le baril.............	12	
— de froment ou de seigle, le demi-baril.......	6	
Fer en barre, en saumon, en lame, le quintal.......	6	
Ferraille, le boucaut........	50	
Ferrements, le tierçon.......	18	
— non enfutaillés, le quint.	6	
Feuillards en fer, le quintal...	6	
— en bois, le millier..	50	
Fontaines, chaque..........	12	
Formes à sucre et canaris, la dz.	12	
Frequins.(V les art. y contenus.)		
Fromages, le quintal........	12	
Fruits à l'eau-de-vie, la caisse de 12 bouteilles, 12 pobans ou 30 fioles, chaq..	6	
— à l'eau-de-vie, en caisses doubles, la caisse.....	12	
Genièvre en futailles de 60 gallons, chaque futaille.	25	
— en futailles de plus de 60 gallons, chaque futaille.	50	
— en potiches ou en caisses, la caisse ou les 12 potiches	6	
Grapin, le quintal...........	6	

DÉSIGNATION DES OBJETS.	§	C.
Harpes, chaque............	1	
Horloges de maisons, grosses, chaque............	1	
— de cuisine ou d'antichambre, chaque..		25
Huile en caisses de 12 bouteilles, 12 pobans ou 30 fioles, ch.		6
Huiles en caisses, doubles, ch.		12
— en touques, chaque.....		2
— en caves de 12 pobans, ch.		4
— en frequins, chaque.....		4
Jambons non enfutaillés, le q.		12
Jarres assorties, chaque......		12
Langues de bœuf fourrées, non enfutaillées, chaque........		12
Lard en planches, non enfutaillé, le quintal..........		12
Lattes, chaque.............		50
Liqueurs de toutes qualités, en caisses de 12 bouteilles, 12 pobans ou 30 fioles, ch.		6
— de toutes qualités, en caisses doubles, chaque....		12
— en ancres, l'ancre de 8 gallons, chaque..........		6
— en ancres, l'ancre de 4 gallons et moins, chaque.		3
Lits divers, chaque..........	1	
Madère en barriques de 55 à 60 gallons, chaque...........		25
Maïs en grains ou en farine, le baril................		12
— en grains ou en farine, le demi-baril...........		6
Malles de marchandises sèches, de 2 pieds et au-dessus, ch.		25
— de marchandises sèches, au-dessous de 2 pieds, ch.		12
Mantègue en frequins, le quint.		12
Marchandises en général, se vendant à la livre, au cent et au millier, le quintal.......		12
Matelas en cargaison, chaque..		12
Merrains, le millier.........		50
Meules à aiguiser, assorties, la douzaine..............	1	
Mortiers de fer ou de cuivre, pour pharmaciens, chaq.		12
— de marbre, assortis, la douz.		25
Morue, bacaliau, en boucauts, le boucaut...............		50
Morue, bacaliau, en tierçons, le tierçon...............		18
Moulins à vapeur pour sucreries, chaque.........	1	

DÉSIGNATION DES OBJETS.	$	c.
Moulins à vanner et à piler le café, chaque.......	1	
— à passer et à peigner, le coton, chaque...... ..	1	
— à tabac, chaque........		25
— à maïs, non enfutaillés, ch.		4
Nattes de jonc, la douzaine....		12
Ognons en greniers, le quintal.		4
— en macornes, les 100 mac.		50
Orgues, chaque.............		25
Osier, les 100 poignées.......		12
Paniers en osier, vides, assortis, la douzaine...........		12
Peaux diverses, non emballées, grandes, la douzaine...		12
— diverses, non emballées, petites, de cabri, chèvre, mouton et cochon, la douzaine.....		6
Peintures en frequins, le quint.		12
Pelles, la douzaine..........		6
Pianos (Forte-), chaque......	1	
Pièces à eau et à guildive, de 55 à 60 gallons, chaque.		25
— à eau et à guildive, audessus de 60 gallons, ch.		50
Pierres. (Voyez carreaux.)		
Pinces et piquois, le quintal...		6
Pitte, les 1000 livres....... ...		50
Plomb en saumon et en planches, le quintal...........		6
Poêles et poêlons, non enfutaillés, la douzaine		6
Poids en fer et en cuivre, pour balances, le quintal...		6
Pois de toutes sortes, le baril..		12
— — le 1/2 — ..		6
Pompes à incendie, chaque....	1	
— à navire, — ...		25
— à puits et à manivelle, chaque...........		12
Presses hydrauliques, chaque..	1	
— d'imprimerie, — ..	1	
— à copier, non encaissées, chaque.......		25
— à relieur, non encaissées, chaque.......		25
— à timbrer, non encaissées, chaque.......		12
Provisions en caisses. (V. caiss.)		
Poulies assorties, non encaissées, la douzaine		6
Quitterines. (Voyez voitures.)		
Riz en boucauts, en tierçons,		

DÉSIGNATION DES OBJETS.	$	c.
en demi-tierçons et en sacs, le quintal................		12
Roues de cabrouet, détachées, la paire.............		40
— de voiture, la paire....		25
Rouleaux. (Voyez toilerie.)		
Sacs vides, non emballés, le cent.		25
Salaisons, le tierçon..........		18
— le baril............		12
— le demi-baril.. ...		6
Salaisons, le frequin ou la cave de 12 pobans.............		4
Savon en caisses, le quintal...		12
Secrétaires portatifs, en acajou ou autres bois, chaque.....		4
Serinettes, —		4
Soufflets de forge, non emballés, chaque........		25
— de boucher, non emballés, chaque		12
Tabacs en andouilles, non emballés, le quintal..........		12
Tables de toutes espèces, chaq.		25
Tamis de laine ou de laiton, la douzaine................		25
Terraille en boucauts, chaque.		50
— en paniers ou harasses, ch.		36
— en greniers, les cent pièces	1	
Tierçons. (V. les art. y contenus.)		
Toileries, le boucaut.........		50
— le tierçon...........		18
— telles que colette, toile d'emballage et autres non emballées, le roul.		4
Tôle, le quintal		6
Tombereaux, chaque.........	1	
Trictracs. —		25
Tuiles, le millier		50
Vermicelle, macaroni et autres pâtes en caisses ou paniers, le quintal.................		12
Vin en barr. de 55 à 60 gal., ch.		25
— en barriques de plus de 60 gallons, chaque		50
— en tierçons, chaque..... ..		18
— en caisses de 12 bouteilles 12 pobans ou 30 fioles, chaque..............		6
— en caisses doubles, chaque.		12
Vinaigre en barriques de 55 à 60 gallons, la barrique.		25
— en ancres de 4 gal., chaq.		6
— — moins de 4 gal., chaque.............		3
— en frequins, le frequin ..		4

DÉSIGNATION DES OBJETS.	$	C.	DÉSIGNATION DES OBJETS.	$	C.
Vinaigre en caves de 12 pob., la c.		4	Whisky en futail. de 60 gal., ch.		25
Voitures, carrosses, calèches, cabriolets, quitterines, chars-à-bancs et tilburys, chaque	2		— en futailles de plus de 60 gallons, chaque		50
			— en caisses ou potiches, la caisse ou les 12 potiches		6
— d'enfants, à ressorts, ch..		25	Zinc en feuil. et en clous, le quint.		6

TARIF N° 4

Droits de pesage

Les droits de pesage, à l'importation, se prélèvent sur toutes les marchandises qui se vendent à la livre, au quintal ou par tonneau, n'importe la désignation desdites marchandises, à raison de *cinquante centimes* par chaque millier pesant, ci. . . . . 50 c.

Les droits de pesage, à l'exportation, se prélèvent sur toutes les denrées, bois de teinture et autres produits qui se vendent au poids, à raison de *cinquante centimes* le millier pesant, ci. . . . . 50 c.

TARIF N° 5

Droits de fontaine, là où il y en a, pour la commodité des bâtiments de commerce

						$
Par chaque bâtiment de	15	à	50	tonneaux, ...		40
—	—	51	à	100	—	80
—	—	101	à	150	—	120
—	—	151	à	250	—	160
—	—	251	à	300	— et au-dessus.	200

Paris. — Imprimerie Georges Chamerot, rue des Saints-Pères, 19.

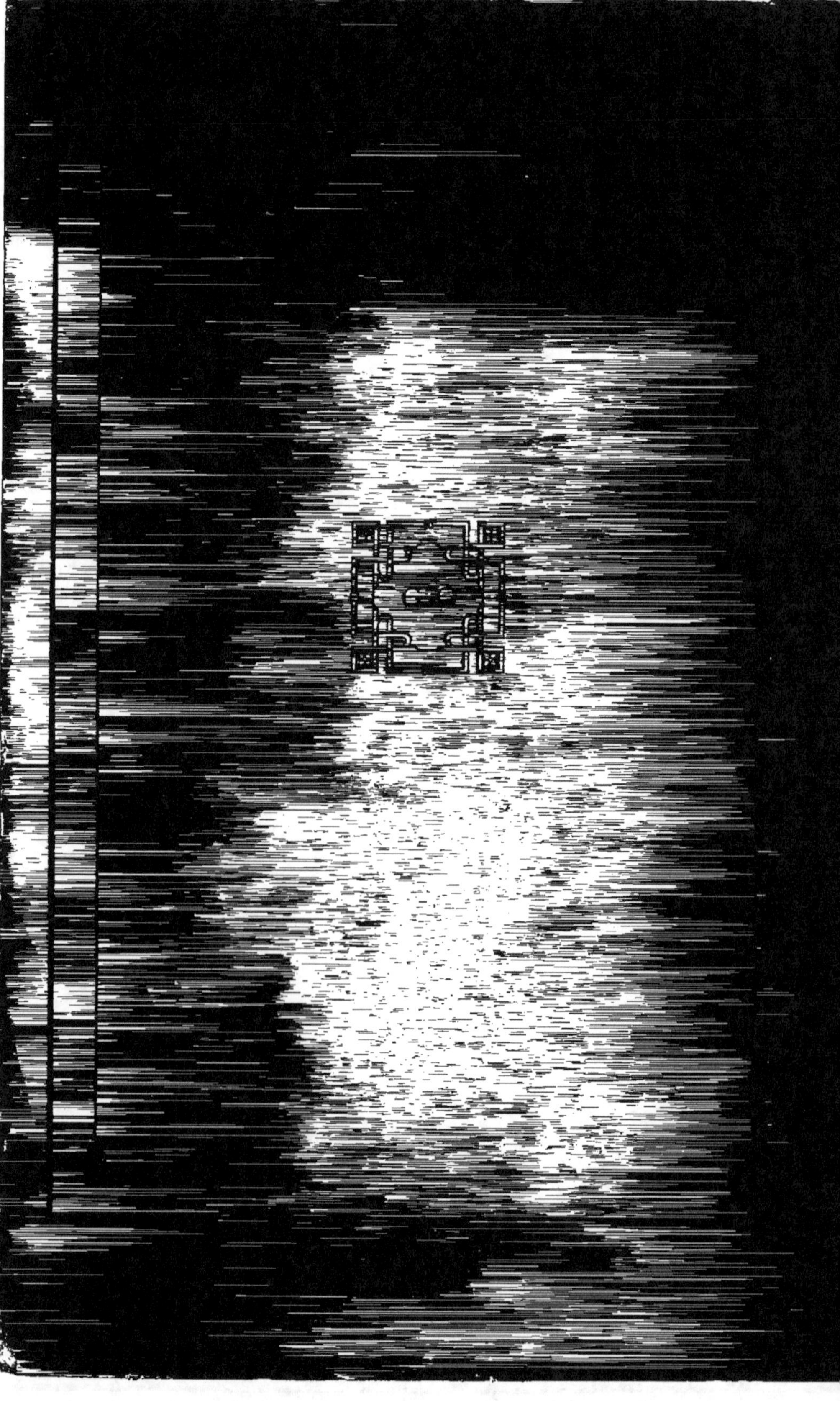